Silvia Civano

Da Caballero a Clooney

L'evoluzione del linguaggio pubblicitario in relazione al cambiamento della società

www.silviacivano.com
Instagram: @silviacivano

Questa opera è protetta dalla Legge sul diritto d'autore.
È vietata ogni duplicazione, anche parziale, non autorizzata.

Copyright © 2022 Silvia Civano
Tutti i diritti riservati.
Immagine di copertina © Alex Mantovani

Prima edizione digitale 2022
ISBN: 9798838802835

«La parola sintesi per me è legge: sia che io dipinga, sia che io scriva, sia che io parli. Non mi stanco mai di citare la frase di Mies Van Der Rohe "Nel meno c'è il più". C'è solo un caso in cui vorrei tradire la sintesi: la vita, uno spazio di tempo troppo breve per esprimere tutta la creatività dell'uomo»

Armando Testa

Prefazione

Da Caballero a Clooney ha lo scopo di comprendere come si sia evoluto il linguaggio pubblicitario televisivo nel corso degli anni in relazione ai cambiamenti della società.

La storia della comunicazione pubblicitaria è molto vasta, e nei diversi Paesi ha subito un'evoluzione relazionata alla cultura di provenienza. Non potendo affrontare in maniera appropriata ed esaustiva ogni aspetto legato alla pubblicità, si prende in considerazione, nello specifico, la comunicazione pubblicitaria televisiva italiana, dalla sua prima messa in onda a oggi.

Siccome non è possibile scindere la comunicazione pubblicitaria televisiva dalla storia della televisione, il primo capitolo è incentrato sulla nascita del nuovo media di comunicazione e sulle principali tappe che ha attraversato. Seguendo l'evoluzione del media della televisione si può comprendere come mai anche il linguaggio pubblicitario televisivo si sia reinventato nel corso degli anni.

I capitoli seguenti si concentrano invece sul linguaggio pubblicitario vero e proprio, e sulle principali campagne che sono entrate nella storia della pubblicità.

Nello specifico:

Il secondo capitolo è incentrato sul ventennio che ha visto come protagonista indiscusso della pubblicità in Italia il programma *Carosello*. Dal 1957 al 1977 sono stati moltissimi i personaggi proposti al pubblico e, per dare una visione completa dei generi ideati, vengono presi in esame pubblicità di natura diversa (dai personaggi animati ai personaggi in carne e ossa). Si analizzano gli spot che ebbero maggiore impatto nel ventennio in cui è andato in onda *Carosello,* in modo tale da comprendere come si sia evoluto il linguaggio pubblicitario anche all'interno del programma stesso.

Il terzo capitolo si dedica ai cambiamenti degli anni Ottanta. L'arrivo del colore nella televisione, il successo della TV commerciale e il *boom* della grande marca hanno portato novità importanti in quegli anni in campo pubblicitario. Il linguaggio si è modernizzato, potendosi esprimere liberamente, non dovendo più seguire le rigide regole imposte dalla RAI prima della fine del suo monopolio.

Nel quarto e ultimo capitolo vengono prese in esame le pubblicità degli anni Novanta e quelle del nuovo millennio. In questo periodo non si sviluppa un linguaggio pubblicitario con differenze rilevanti tra i due decenni. Ecco perché, più di vent'anni di pubblicità sono stati inseriti in un unico capitolo. La crisi iniziata in Italia nel 1991 ha portato a un impoverimento delle idee in campo pubblicitario, e a risentirne fu anche la grande marca. Vengono studiate le campagne di maggiore successo, ma anche quelle pubblicità che, con la loro semplice messa in onda, fanno capire che la fine della crisi economica in Italia non è ancora vicina.

Il saggio si chiude con una riflessione su come e quanto la pubblicità influenzi realmente le nostre vite. Se sia la società a cambiare modo di fare pubblicità o se, viceversa, in qualche modo sia la pubblicità a cambiare la società.

Alla fine del percorso si cerca di capire se la pubblicità, tanto demonizzata da Vance Packard ne *I persuasori occulti,* sia davvero una presenza invisibile in grado di manipolare e persuadere.

La domanda alla quale si cercherà di rispondere è:

"È la pubblicità a influenzare la società e a persuaderla, oppure sono i
cambiamenti di costume e le rivoluzioni culturali che determinano l'evolversi del linguaggio pubblicitario?"

PARTE PRIMA

Breve percorso storico

CAPITOLO 1

Qui si percorrono le principali tappe della pubblicità televisiva italiana dai suoi esordi al nuovo millennio. Viene fornito un quadro generale delle caratteristiche proprie delle strategie pubblicitarie adottate con il trascorrere degli anni, senza entrare ancora nello specifico di ogni fase presa in oggetto.

Non si può scindere il percorso storico pubblicitario da quello televisivo; si inizia quindi con l'arrivo del nuovo e potente strumento mediatico: la televisione.

1.1. Dalla televisione come servizio pubblico alla TV commerciale

L'arrivo della televisione nelle case degli italiani segna un cambiamento nel modo di comunicare. Come strumento si contrappone alla logica rigorosa della pagina scritta di Gutenberg. Mentre il contenuto della scrittura è il discorso, il contenuto della televisione è l'immagine; e l'utilizzo di questi due strumenti di comunicazione differisce in vari aspetti, uno tra questi è il tipo di fruizione del prodotto. Mentre la lettura di un articolo di giornale, per esempio, richiede tempo al lettore, che sceglie di approfondire la notizia narrata, la televisione per catturare l'attenzione del fruitore deve puntare sull'impatto visivo, sulla giusta scelta delle immagini da trasmettere.

La televisione, al suo esordio vuole essere un'evoluzione della radio, ha la funzione di perfezionare e allargare il ruolo della radio potenziando la concorrenzialità con il cinema. Il suo punto forte è quello di offrire una percezione quasi completa (al suono si affiancano le immagini).

Il media della TV in Europa nasce come servizio pubblico e per un lungo periodo ne conserva il monopolio, impedendo all'editoria privata di colonizzare questa nuova forma di mercato. Nel 1953, anno in cui la televisione arriva in Italia, la situazione è quella di un Paese non ancora unificato, sia culturalmente che linguisticamente; quindi, il primo modello televisivo adottato fu di carattere pedagogico.

La televisione pedagogica aveva due obiettivi principali: insegnare agli analfabeti e acculturare gli italiani. Si voleva insegnare a utilizzare l'italiano nel parlato di tutti i giorni al posto del dialetto, facendo conoscere anche i grandi autori italiani. Per raggiungere questo scopo la televisione pedagogica ridusse "in pillole" la grande letteratura con gli sceneggiati storici e incrementò il sapere nozionistico con i giochi a quiz. Vennero poi introdotte le rubriche culturali (per esempio *L'approdo*) e di approfondimento politico, come le varie Tribune. Si voleva arrivare all'unità attraverso l'innalzamento del pubblico. Si attribuiva dunque una grande importanza al nuovo mezzo televisivo, considerato essenziale strumento per influenzare l'opinione del telespettatore. Persino l'aspetto del divertimento televisivo era piegato alle esigenze educative. In televisione però, la cultura in senso tradizionale non ha funzionato come ci si aspettava. Mentre come si è detto sopra, la pagina scritta consente una lettura approfondita, permettendo di tornare più volte su un concetto per poter meglio affrontare la complessità di una tesi, la televisione è legata a un consumo distratto e discontinuo da parte del fruitore. Spesso si trova come oggetto di sfondo nelle case delle famiglie, le quali guardano un programma facendo anche altre cose. Per riuscire a contrastare la caduta di attenzione del telespettatore, la tv deve ricorrere alla spettacolarità dell'immagine e, spesso, alla superficialità. Questo fa comprendere come mai il modello tradizionale di servizio pubblico abbia fallito.

Inizialmente la televisione nasce senza una propria consapevolezza di medium; ha fatto proprie diverse forme di comunicazione e di organizzazione che esistevano già (radio, cinema, teatro, scuola). Dalla radio la televisione prende il concetto di palinsesto e di detenzione di generi specifici come i radiogiornali, che la televisione trasforma in telegiornali e di programmi di musica e intrattenimento. La televisione inizialmente si ispira al linguaggio del cinema e del teatro per le produzioni che mette in atto; solo in un secondo momento ne acquisirà uno proprio. Infine, dato l'intento pedagogico iniziale della televisione, vengono creati dei modelli presi appunto dalla scuola per impartire insegnamenti agli italiani. In questa fase iniziale, il nuovo mezzo comunicativo non è ancora molto diffuso tra gli spettatori; i quali, per vedere la televisione si incontrano nei bar o nelle poche case private che la possiedono. La fruizione del nuovo medium inizialmente è collettiva e non fa parte della dimensione privata familiare (anche in questo ricorda il cinema e il teatro).

Negli anni Sessanta vengono introdotte le trasmissioni via satellite e questo permette la condivisione dei grandi eventi sportivi, della cronaca e dello spettacolo. Nasce un nuovo genere, denominato *media events*, che costituisce una delle maggiori specificità del nuovo medium: la sua vocazione di spazio comune condiviso. Grazie alla televisione, tutti, anche negli angoli più lontani, hanno la possibilità di partecipare ai grandi eventi come le olimpiadi, i mondiali di calcio, le nozze o le incoronazioni reali. Comprendendo di essere un mezzo a sé stante, la televisione si allontana così dagli altri medium, acquisendo un linguaggio specifico e producendo generi propri.

Negli anni Settanta c'è una proliferazione di generi innovativi, ma la vera rivoluzione avviene dal 1975 in poi, quando le reti cominciano a moltiplicarsi. Inizialmente, c'era un solo canale e il telespettatore non poteva scegliere cosa guardare. Il fatto stesso che l'emittente fosse unica conferiva potere, non avendo il telespettatore la possibilità di interferire con le scelte imposte. Le cose cambiano quando si comincia a diffondere l'idea della cultura di massa, la quale tende a omogeneizzare, a livellare le differenze. Si inizia a capire che il futuro non è nelle élite, ma nelle masse. Il pubblico ha il desiderio di partecipare alla costruzione di un qualcosa, vuole creare i contenuti trasmessi. Nascono così quelle denominate come TV libere. Erano televisioni che riprendevano le feste di paese, le sagre e i ballerini dilettanti da balera. Queste TV rappresentano il mito del libero accesso dal basso al mezzo comunicativo televisivo e si vogliono contrapporre alla televisione pedagogizzante e formativa della RAI.

Mentre la televisione pedagogica aveva l'obiettivo di portare a termine l'unificazione linguistica del paese, facendo mettere da parte il dialetto agli italiani, trent'anni dopo le TV libere sembravano restituire voce al dialetto regionale. Le reti libere vennero poi assorbite da quella che fu invece definita come TV commerciale.

TeleMilano si trasformò in Canale 5, capace di competere con la RAI. Canale 5 proponeva i programmi che i telespettatori volevano vedere e che il servizio pubblico della televisione pionieristica non permetteva.

La televisione commerciale italiana non è nata copiando quella americana, ma da un'analisi delle risposte del pubblico tramite l'Auditel, che rilevava i consumi televisivi delle famiglie italiane. A differenza del servizio pubblico che voleva educare e aveva solo contenuti "alti", la televisione commerciale ebbe da subito come obiettivo quello di fidelizzare il pubblico, proponendo contenuti divertenti. Grazie all'Auditel, la programmazione delle reti era sempre meno concentrata sulla creatività dell'autore e seguiva sempre di più il volere del telespettatore.

Dalla metà degli anni Ottanta in poi la programmazione è sempre più un fatto di marketing ed è controllata dalla pubblicità.

Nel 1984 la Fininvest (poi Mediaset) decreta la fine del monopolio della RAI. Con l'arrivo di Mediaset non solo si avvia un duopolio, ma cambiano anche i modi espressivi, e dalla forma culturale ci si sposta verso l'intrattenimento. I modi espressivi nella neotelevisione (termine coniato da Umberto Eco) cambiano completamente, e tutta la TV precedente (quella del monopolio della RAI) è considerata paleotelevisione.

Nella neotelevisione a dominare è l'intrattenimento, forma che tende a inglobare gli altri generi. La neotelevisione ha un formato generalista, con programmi rivolti a tutte le età e a tutte le categorie sociali. Programmi che possono essere graditi alla grande maggioranza degli spettatori. Con la nascita del telecomando si può entrare in un regime di molteplice offerta televisiva, dando un maggiore potere al pubblico.

Un'ulteriore rivoluzione è invece la TV a pagamento (la TV tematica). Questo tipo di televisione è arrivata in ritardo in Italia rispetto agli altri paesi europei e agli USA, siccome il duopolio RAI-Fininvest concentrava ogni risorsa su di sé, sbarrando la strada ai nuovi arrivi tecnologici.

La TV a pagamento offre un *bouquet* (pacchetto di canali) assortito che insegue esigenze particolari. In questi canali si dà maggior spazio alla qualità, ma se venissero inseriti nella televisione via etere probabilmente scomparirebbero in poco tempo poiché sono troppo specializzati e vengono seguiti da un numero ristretto di persone appassionate. Un difetto della televisione tematica è che se anche aderisce ai gusti del telespettatore, non offre quello che può essere definito come "effetto piazza" che dà la TV generalista; la sensazione cioè, che accendendo la TV, se succedesse qualcosa di molto importante si verrebbe subito informati. Questo perché nella TV generalista si ha la percezione di essere in comunicazione con le persone invece che in una nicchia ristretta e un po' isolata (non a caso i canali tematici si definiscono anche generi di nicchia).

Nella neotelevisione ha un ruolo sempre più importante la pubblicità. Non dovendo più rispettare le regole imposte dalla RAI nel programma *Carosello*, le pubblicità vengono inserite in ogni momento, interrompendo i programmi più volte durante la loro messa in onda. Data la presenza di più canali, la pubblicità viene collocata in maniera strategica nei vari programmi. Viene scelta un'apposita tipologia di pubblicità, sia in relazione alle fasce orarie, sia al canale in questione. Gli spot che hanno più successo sono quelli mandati in onda nel momento in cui è maggiore la presenza del target di persone destinatarie della pubblicità specifica. Di mattina presto vengono mandate in onda pubblicità rivolte ai bambini, perché si suppone che durante la colazione guardino la televisione prima di andare a scuola; stessa cosa per l'ora della merenda, verso le quattro del pomeriggio. Durante la fascia oraria del pranzo i programmi pubblicitari sono principalmente orientati verso un pubblico femminile, poiché si ipotizza che la massaia stia a casa a preparare da mangiare. Verso la sera, infine, gli spot sono più variegati perché destinati all'intera famiglia. Oltre alle fasce orarie però, le pubblicità sono collocate in maniera strategica anche all'interno dei vari canali a disposizione. Così, se su MTV è più facile trovare pubblicità rivolte ai giovani, sui canali di motociclismo o in generale sui canali sportivi, ci si imbatte di frequente in pubblicità maciste, che mettono al centro dello spot la virilità dell'uomo.

Il prossimo paragrafo è dedicato all'evoluzione della pubblicità, dall'esordio della TV alla TV ipermoderna. In questo modo si può avere un quadro di riferimento più dettagliato dei generi pubblicitari sorti nelle varie epoche per il media televisivo.

1.2. *Carosello,* un'invenzione "tutta italiana"

La nascita della pubblicità televisiva in Italia ha avuto un percorso molto particolare. Mentre al di là dell'oceano le tecniche pubblicitarie attraversavano già innovazioni, in Italia la pubblicità in televisione venne trasmessa per la prima volta il 3 febbraio 1957 all'interno della trasmissione *Carosello*. Questo programma risultò essere vincente ed ebbe un grande successo popolare. Dato l'apprezzamento del pubblico, nacquero nuove società produttrici di cortometraggi (Pagot, Gavioli, Bozzetto, Union, Gamma Film, Adriatica Film ecc.); e Cinecittà si mise nelle condizioni di essere in grado di produrre migliaia di nuovi filmati l'anno.

Ma in cosa consisteva esattamente *Carosello*? Era una trasmissione contenente una serie di filmati seguiti da messaggi pubblicitari. Si può dire che sia stata un'invenzione "tutta italiana", nel senso che all'interno di questo spettacolo (perché si trattava di un vero e proprio spettacolo, non di pubblicità fine a sé stessa), venivano mandate in onda delle scenette che avevano la forma delle strutture teatrali e ricalcavano i principali generi brillanti quali l'avanspettacolo e la commedia all'italiana. Di conseguenza, venne coinvolto l'intero mondo italiano dello spettacolo: dai tecnici e operai di Cinecittà, agli autori di commedie musicali come Garinei e Giovannini. Ma lavorò per gli spettacoli di *Carosello* anche lo scrittore Mario Soldati (il quale ha diretto sé stesso nel Giro del Bel Paese Galbani), l'autore Alberto Sordi (che è stato regista e autore di canzoni per il vermut Gancia) e tanti altri professionisti e volti noti agli italiani, nonché tutti i più importanti registi cinematografici di allora.

La particolarità di *Carosello* consiste nella sua struttura. Per le norme vigenti all'epoca, i filmati trasmessi dovevano rispettare i rigidi vincoli che venivano imposti da una RAI che allora era anti-industriale, e non voleva che la pubblicità venisse mandata in onda durante le trasmissioni che precedevano *Carosello*. Ma non solo. Nel programma stesso non era possibile presentare direttamente il prodotto; prima di arrivare a citare l'oggetto sponsorizzato, doveva esserci una parte iniziale di puro spettacolo, e la trama del suddetto spettacolo doveva essere estranea al prodotto che sarebbe stato poi pubblicizzato. Dopo la scenetta partiva il cosiddetto codino commerciale, all'interno del quale si rendeva noto il nome del prodotto e si descrivevano le sue principali caratteristiche. All'inizio la scenetta durava circa centocinque secondi, mentre il codino trenta secondi, ma nel corso degli anni queste durate sono state modificate. Oltre alla regola di produrre una scenetta prima della pubblicizzazione del prodotto, le aziende dovevano anche sottostare a un controllo sui contenuti trasmessi. Per questo motivo era stata istituita un'apposita redazione; la quale, insieme a un dirigente della RAI, verificava i testi dei filmati e interveniva apportando modifiche, se lo riteneva necessario. C'è da dire che la RAI nei confronti della pubblicità aveva un atteggiamento che si può quasi definire "puritano"; era contraria alla presenza eccessiva di questo tipo di comunicazione.

Gli italiani si affezionarono a quell'originale unione di scenette comiche, canzoni e duetti. I personaggi ideati per *Carosello* e gli attori che recitavano nelle scenette, entrarono nelle case delle famiglie italiane e nel loro immaginario collettivo. Le battute dei personaggi protagonisti delle storie di *Carosello* iniziarono a far parte del linguaggio comune della gente, e tutt'oggi molti modi di dire sono rimasti: «Tu questo non lo fai perché sei piccolo e nero», riprendendo la celebre frase del pulcino Calimero: «Io sono piccolo e nero». Oppure: «Quella è una famiglia alla mulino bianco», per indicare il prototipo di famiglia perfetta rappresentato nelle pubblicità del Mulino Bianco. Ma non solo: a entrare nel linguaggio della gente fu *Carosello* stesso, il quale veniva trasmesso per dieci minuti la sera dopo cena, dando luogo al noto modo di dire usato per anni: «A letto dopo *Carosello*». Ne consegue ribadire che sarebbe riduttivo definire *Carosello* come mera pubblicità; è stato molto di più per gli italiani, i quali tutt'oggi lo ricordano con malinconia. Era un mondo fiabesco dove a regnare era la felicità e il benessere. Bisogna anche prendere in considerazione il periodo in cui tale programma entra nelle case degli italiani: la guerra era finita da pochi anni e le famiglie ne venivano da un lungo periodo di povertà e disagi. Il bisogno di distrazione era grande.

Per quanto riguarda le strategie pubblicitarie, non sempre sortirono gli effetti desiderati dalle aziende. Talvolta, il forte carisma dei personaggi ideati era tale che metteva in ombra il prodotto stesso, invece di portarlo all'attenzione del telespettatore. Questo accadeva anche a causa della rigida struttura impartita dalla RAI. Rivelare la marca del prodotto solo nel codino di programmazione era rischioso, specialmente se seguiva una trama avvincente che poteva venire ricordata come cortometraggio a sé stante, col risultato che il nome del prodotto non venisse memorizzato.

Dal punto di vista del linguaggio i filmati trasmessi in *Carosello* si possono suddividere in due filoni principali:

- **I film di animazione**: a loro volta si distinguono in cartoni animati e in Passo uno (realizzati con oggetti in movimento).

- **I film dal vivo**: filmati realizzati con attori veri e propri.

I film di animazione hanno dato vita a personaggi che ancora oggi non sono svaniti dall'immaginario collettivo: Toto e Tata (Motta), Jo Condor e il Gigante amico (Ferrero), Olivella e Mariarosa (olio Bertolli), l'Omino coi baffi (caffettiere Bialetti), Calimero e l'Olandesina (Mira Lanza), Topo Gigio (Pavesini), Caballero e Carmencita (caffè Paulista), pianeta Papalla (Philco), ippopotamo Pippo (Lines) e molti altri; questi ultimi tre ideati dal pubblicitario Armando Testa con l'aiuto di Guidone.

I film dal vivo erano spettacoli di breve durata interpretati da attori importanti come ad esempio: Ernesto Calindri, Gino Cervi, Alberto Lionello, Amedeo Nazzari, Vittorio Gassman, Aldo Fabrizi, Paolo Panelli e Totò. Anche l'attore Eduardo De Filippo fece parte degli spettacoli di *Carosello*, pubblicizzando l'aroma del caffè Illy. Parteciparono alla realizzazione delle scenette di *Carosello* anche noti personaggi come: Ugo Tognazzi, Raimondo Vianello, Sandra Mondaini, Renato Rascel, Tino Buazzelli, Gino Bramieri, Dario Fo, Cesare Polacco e Mina. Ma a far parte della realizzazione dei filmati di *Carosello* furono anche tanti registi cinematografici: Sergio Leone, Mauro Bolognini, Carlo Lizzani, Damiano Damiani, Pasquale Festa Campanile, Ermanno Olmi, Gillo Pontecorvo, Dino Risi, Pupi Avati, Paolo e Vittorio Taviani. Per quanto riguarda invece l'ideatore dei testi per *Carosello* merita di essere citato Marcello Marchesi, il quale entrò in pubblicità nel 1939 ed è stato colui che ha creato più testi in assoluto per *Carosello*. In venti anni di attività ha ideato oltre quattromila slogan. Da ricordare almeno i seguenti: «Vecchia Romagna etichetta nera, il brandy che crea un'atmosfera», «Falqui. Basta la parola», «Il signore sì che se ne intende» (Brandy Stock), «Non è vero che tutto fa brodo» (brodo Lombardi) e «Con quella bocca può dire ciò che vuole» (dentifricio Chlorodont).

La prima fase di *Carosello* si sviluppa nel periodo di *boom* economico per il Paese (ma anche per l'economia mondiale, non solo quella italiana), di conseguenza ci fu una grande espansione dei consumi e della pubblicità. *Carosello* divenne insostituibile per le imprese italiane, le quali volevano puntare a diffondere il più possibile la conoscenza dei propri prodotti. Tuttavia, il programma divenne presto un vincolo per le aziende. Le esigenze dell'economia erano tali che questo tipo di struttura di programmazione non era in grado di soddisfarle. Di conseguenza la SIPRA (la concessionaria di pubblicità della RAI), dovette prima ridurre i tempi delle scenette e poi inserire i telecomunicati di trenta secondi in appositi programmi televisivi. Accadde poi che il mercato pubblicitario italiano si internazionalizzò quando arrivarono le agenzie statunitensi quali Ogilvy & Mather nel 1962, Ted Bates e FCB nel 1964.

Dopo il *boom* economico la pubblicità attraversò quella che può essere definita come crisi culturale. Molti intellettuali criticarono i pubblicitari, accusandoli di creare nel pubblico bisogni di consumo superflui e falsi. Sostenevano che nell'era dell'industria culturale l'individuo non fosse in grado di decidere autonomamente, poiché nel conflitto tra impulsi e coscienza lo spettatore finiva con l'adesione acritica ai valori imposti. In pratica questi studiosi (che condividevano la critica espressa dalla Scuola di Francoforte), ritenevano che l'ideologia diffusa dai media fosse la principale responsabile dell'azzeramento dell'individualità e dell'autocoscienza delle persone, le quali subivano un processo di standardizzazione dell'individuo che arrivava a desiderare un prodotto senza averne realmente bisogno. I pubblicitari reagirono sfruttando a proprio vantaggio le correnti culturali che vigevano all'epoca. È il caso dell'ideologia femminista, che era molto sentita negli anni Settanta. Vennero così inseriti nelle pubblicità dei messaggi a favore dell'emancipazione delle donne, come nello shampoo *Libera e bella* o nello slogan pseudo-femminista: «Né strega né madonna. Solo donna», della linea di abbigliamento Cori. Nello stesso periodo i pubblicitari italiani avviarono campagne che trattavano problemi di tipo sociale, creando l'associazione Pubblicità Progresso. Questo tipo di pubblicità venne importata dagli Stati Uniti (prendendo come modello l'organismo americano denominato *Advertising Council*) e aveva come obiettivo quello di stimolare la coscienza delle persone e delle organizzazioni con il fine di agire per il bene comune. Inoltre, date le critiche alla pubblicità sul manipolare la mente delle persone, le imprese videro nella Pubblicità Progresso la chiave per migliorare l'immagine del mondo industriale e pubblicitario.

A prescindere dagli scopi delle aziende sul voler migliorare la propria immagine, non si può negare che la Pubblicità Progresso sia stata uno strumento utile alla sensibilizzazione degli italiani su diversi problemi sociali. Si è occupata di AIDS, razzismo, incidenti sul lavoro, promozione del volontariato, prevenzione degli incidenti domestici e difesa dell'ambiente. Per citare alcuni slogan: «C'è bisogno di sangue. Ora lo sai» (1971), «Il verde è tuo: difendilo!» (1972), «Chi fuma avvelena anche te. Digli di smettere». (1975).

Negli anni Sessanta e Settanta si decise di indirizzare i messaggi pubblicitari verso una precisa fascia della popolazione: i giovani; i quali erano considerati destinatari importanti del messaggio pubblicitario, essendo loro i protagonisti della cosiddetta rivoluzione sessuale. Questo ebbe rilevanti effetti sulla pubblicità, che adottò un linguaggio libero e con chiari riferimenti sessuali, come nell'annuncio della Piaggio: «Chi "Vespa" mangia le mele (chi non "Vespa" no)», dove l'azione di mangiare le mele rimanda al peccato originale della Bibbia, e dunque al sesso. In questi anni vennero inoltre create campagne originali che rimasero nella storia della pubblicità italiana. È il caso, per esempio, di due messaggi pubblicitari ideati nel 1972-1973 dal pubblicitario Emanuele Pirella e dal fotografo Oliviero Toscani per i jeans Jesus. Già blasfemi nel loro nome, la pubblicità in questione consisteva in due immagini, l'una era l'addome nudo di una ragazza che emergeva dai jeans sbottonati sul pube e la frase pubblicitaria era: «Non avrai altro jeans all'infuori di me», e l'altra immagine era quella di un primo piano del sedere di una ragazza che indossava ridottissimi short jeans e recitava: «Chi mi ama mi segua», citando il verso del vangelo secondo Matteo. Questa pubblicità trasgressiva rispondeva alle esigenze di quell'epoca, nella quale i giovani avevano bisogno di rompere gli schemi e di contestare le regole imposte per cambiare il mondo.

Gli anni Settanta in Italia sono stati anni di notevoli cambiamenti. Il Paese attraversò varie crisi: culturale, economica e petrolifera. Questa situazione ebbe come effetto collaterale quello di un pesante rallentamento degli investimenti delle aziende nella pubblicità.

I cambiamenti sociali portarono alla creazione di messaggi pubblicitari volutamente trasgressivi, suscitando per i loro contenuti, vivaci polemiche che rappresentano la testimonianza di come gli anni Settanta siano stati determinanti per l'avvicinamento della pubblicità italiana a ciò che stava accadendo negli Stati Uniti. La pubblicità doveva evolversi e si comprese che in una realtà tanto dinamica non c'era più spazio per il buon vecchio *Carosello*. Così, il 1° gennaio 1977, vent'anni dopo dall'esordio di *Carosello*, la RAI prese la decisione di "mandarlo in pensione", poiché era ormai limitato rispetto a quanto richiedeva il mercato pubblicitario comunicativo dell'epoca, oltre a essere diventato per le imprese uno spazio troppo costoso da sostenere.

1.3. I dinamici anni Ottanta.
L'arrivo del colore e la nascita della TV commerciale

Un mese dopo l'annullamento di *Carosello* la RAI iniziò a trasmettere a colori. Questa grande innovazione non solo permise una maggiore possibilità in termini di espressione comunicativa pubblicitaria, ma rappresentò anche un cambiamento simbolico. Il tono povero e serio del bianco e nero era un "rappresentante" ideale di austerità economica e di crisi culturale, mentre i colori potevano essere associati al benessere, all'abbondanza e al piacere del consumo. In base a questo è possibile affermare che la televisione a colori ha creato l'ambiente culturale adatto per la costruzione e lo sviluppo delle televisioni commerciali, che si possono considerare come la grande rivoluzione degli anni Ottanta.

Per comprendere meglio come è finito il monopolio della RAI bisognerebbe però fare un passo indietro. All'inizio degli anni Settanta erano sorte varie radio e televisioni private che trasmettevano via cavo, ma il grande cambiamento avvenne nel 1976, con la sentenza n. 202 della Corte costituzionale, che dichiarò legittime anche le trasmissioni televisive e radiofoniche via etere in ambito locale. È questa la data chiave del cambiamento, data in cui la RAI perse ufficialmente il suo storico monopolio.

Iniziarono a proliferare le TV private. Nel giro di pochi mesi, le televisioni, da quaranta divennero più di cinquecento, e questo indice di forte cambiamento portò alla nascita di un nuovo approccio alla gestione della televisione.

Nel 1978 Silvio Berlusconi, all'epoca imprenditore edile, creò

Tele Milano, che fu la sua prima rete televisiva. Fondò poi nel 1979 Publitalia, concessionaria per la raccolta della pubblicità. Ma solo nel 1980, quando Tele Milano venne rinominata e iniziò a trasmettere con il marchio di Canale 5, iniziò la vera svolta. Nel 1981 il consorzio Canale 5 assunse forma giuridica e nacque così il primo *network* televisivo italiano privato. Nel 1982 comparvero anche le televisioni Italia Uno e Retequattro, le quali vennero entrambe acquistate dalla Fininvest (l'una nel 1982 e l'altra nel 1984). Questo nuovo tipo di televisione non era più una TV pubblica, bensì commerciale.

L'obiettivo della televisione commerciale era quello di fidelizzare il pubblico; la sua logica voleva sganciarsi da ogni riferimento alla realtà concreta della vita per far vedere alle persone ciò che desideravano vedere. Si contrapponeva alla logica della televisione come servizio pubblico, che voleva mostrare la realtà così com'era (fatta di una tv rigorosamente dal vivo) e che impartiva lezioni educative al telespettatore. Per la prima volta il fruitore aveva un'alternativa alla televisione pedagogizzante e poteva scegliere il mero intrattenimento alla "lezione" formativa della TV pubblica. Come conseguenza a questa nuova realtà, negli anni Ottanta la crescita degli investimenti pubblicitari fu molto consistente. Tutti volevano andare in televisione (dalle grandi imprese nazionali agli artigiani, dalle aziende locali ai piccoli negozianti), questo con lo scopo di acquisire notorietà (si pensi al mobiliere Aiazzone, prima di allora sconosciuto ai consumatori).

In un contesto così dinamico la pubblicità assunse un ruolo sempre più importante in Italia, e questo si rifletté anche nella nuova modalità di gestione del mezzo televisivo: si iniziò ad assistere all'interruzione dei programmi per dare spazio agli spot.

Questo sistema di messa in onda della pubblicità era sconosciuto prima di allora, essendo stato fino a quel momento *Carosello* l'unico spazio destinato alla trasmissione dei messaggi pubblicitari. La frammentazione dei programmi portò a fare anche una differente scelta sui contenuti da mandare in onda; si iniziarono a programmare in grandi quantità telefilm americani, i quali erano stati realizzati con appositi spazi per le interruzioni pubblicitarie. La nuova modalità di gestione della pubblicità produsse un diverso tipo di linguaggio pubblicitario, che era diventato più aggressivo nei confronti del telespettatore.

Un altro aspetto del linguaggio che val la pena di considerare, riguarda le strategie adottate dalle pubblicità a stampa per coinvolgere i consumatori e tener testa alla televisione. È il caso delle campagne di Ferrarelle, Golia Bianca e Fiat Uno. Nel caso di Ferrarelle, la decisione fu quella di trasporre visivamente la natura del prodotto: «Liscia? Gasata? O Ferrarelle?» con l'immagine della Monna Lisa di Leonardo da Vinci pettinata o con i capelli lisci, mossi o "Ferrarelle". Per quanto riguarda la pubblicità di Golia Bianca è stato deciso di adottare espressioni che sembrano derivare dalla letteratura colta: «Titilla la papilla», «Sfrizzola il velopendulo», «Galvanizza l'ugola». Entrambe le pubblicità sopracitate sono state ideate da Anna Maria Testa, mentre la pubblicità della Fiat Uno è stata creata dal disegnatore satirico Giorgio Forattini, il quale ha prodotto invenzioni linguistiche efficaci e simpatiche come 'scattosa', 'sciccosa' e 'comodosa'.

Negli anni Ottanta importante fu il ruolo di Publitalia, che diede un notevole apporto al cambiamento del sistema pubblicitario italiano. La strategia adottata da Publitalia consisteva nello scavalcare le agenzie di pubblicità, cercando direttamente i clienti aziendali per stabilire con questi un rapporto consulenziale. Oltre a questo, ha rivoluzionato le modalità di vendita degli spazi pubblicitari, inserendo nelle trattative commerciali sconti e incentivi. Inoltre, introdusse un nuovo strumento di vendita: le telepromozioni, ossia l'inserimento in forma spettacolare dei prodotti e dei relativi marchi in appositi spazi contenuti all'interno dei programmi televisivi; i prodotti in questione erano spesso pubblicizzati dai conduttori dei programmi stessi.

Altra importante novità di questi anni fu la produzione delle cosiddette saghe pubblicitarie, le quali riscossero molto successo nel pubblico. Si decise di percorrere questa strada poiché le saghe permettevano la fidelizzazione dei consumatori. Il linguaggio scelto per questo tipo di pubblicità era semplice e popolare. Per fare qualche esempio si può citare la saga del Wisky Glen Grant, che ha prodotto il personaggio di Michele "l'intenditore"; quella del caffè Lavazza, con Nino Manfredi come protagonista tra il 1981 e il 1992; quella di Yomo con Beppe Grillo e quella dell'imprenditore della Bistefani che esortava con la frase: «Chi sono io, Babbo Natale?». Questi sono solo alcuni esempi, ma meritano di essere citati anche i numerosi spot ideati dal pubblicitario Gavino Sanna per la pasta Barilla, iniziati con *Treno* del 1985, per proseguire con il celebre *Gattino* del 1986 e *Mosca* nel 1989 (vero e proprio mini-film diretto dal regista cinematografico russo Nikita Michalkov); sino ad arrivare alla saga denominata *Babbo Natale*, uscita nel 1991 e interpretata da Paul Newman.

Le pubblicità sopracitate vengono analizzate con maggiore accuratezza nei capitoli a seguire, ma per comprendere in linea generale il tipo di comunicazione adottato da Sanna in questi spot, si può dire che l'obiettivo era quello di emozionare il pubblico. Le saghe pubblicitarie erano brevi, cariche di emozioni e permettevano agli italiani di identificarsi con le storie, poiché a emergere erano la quotidianità, la semplicità e i buoni sentimenti. Spesso il perno cui ruotavano attorno tali storie era la famiglia, creando una sorta di rassicurazione nei consumatori che si affezionavano ai personaggi, alle storie che questi vivevano e, di conseguenza, al prodotto pubblicizzato.

Alla fine degli anni Ottanta si assiste a un avvicinamento e a un'integrazione dei due modelli della televisione: pubblica e commerciale. La RAI iniziò ad abbandonare sempre più il suo ruolo di televisione come servizio pubblico per seguire il modello vincente di televisione della Mediaset.

I "gloriosi anni Ottanta", si potrebbero definire così, visti i grandi cambiamenti vissuti in campo televisivo e pubblicitario, attraversarono una fase di crescente internazionalizzazione. In Italia molte agenzie nazionali vennero acquistate da importanti circuiti internazionali e si moltiplicarono gli accordi di collaborazione tra agenzie italiane e network multinazionali.

In questo periodo ad assumere un ruolo molto importante in ambito pubblicitario fu la grande marca industriale. La marca divenne il mezzo attraverso il quale si poteva comunicare il proprio status sociale, e questo giocò un ruolo importante per le campagne pubblicitarie. Siccome la crisi degli anni Settanta era passata, i pubblicitari potevano esprimersi liberamente, utilizzando un linguaggio pubblicitario volto alla spettacolarizzazione. Si servirono molto del medium della televisione, che in quegli anni si stava espandendo sempre di più.

Oltre che rinsaldare i legami con la televisione (impiegando nuovamente personaggi famosi come testimonial come era avvenuto in passato), la pubblicità si avvicinò al cinema, sfruttando le situazioni narrative che esso creava. Questo comportò che molti registi cinematografici decisero di girare filmati pubblicitari. Per citarne alcuni: Ridley Scott (Chanel, Apple Macintosh, Guinness); il fratello Tony Scott (Yves Saint Laurent, British Airways, Pepsi-Cola) e Adrian Lyne (Levi's, Calvin Klein, Michelob). Se ne potrebbero citare molti altri, ma bastano questi per comprendere che il meccanismo di connubio pubblicità-cinema ha preso piede in quegli anni anche al di là dell'oceano. In Italia persino Federico Fellini, il quale in numerose interviste si era sempre dichiarato contrario alle pubblicità, finì in quegli anni col "cedere alla tentazione" di girare alcuni spot televisivi. Nel 1984 realizzò le campagne pubblicitarie del Bitter Campari e dei Rigatoni Barilla.

La grande marca industriale era diventata importante al punto che in Italia arrivò una figura professionale che aveva preso piede in Inghilterra: lo *strategic planner*. Tale professione aveva il compito di gestire l'immagine della marca partendo da una profonda conoscenza del consumatore. Nel periodo del *boom* della grande marca tutto ruotava attorno ai corpi dei soggetti che pubblicizzavano il prodotto. Si può dire che in quel periodo si presentò una nuova "rivoluzione sessuale". Iniziarono a comparire annunci per l'intimo maschile che giocavano sull'ironia (è il caso di Julipet o della pubblicità per Eminence ideata dal disegnatore erotico Milo Manara). Esordirono inoltre slogan come «Toccalo, accarezzalo, stringilo. È il piacere infinito» (Tessuti Piacenza) o «Io ce l'ho profumato» (Mental). Ma si può citare anche il manifesto degli slip Roberta, che compariva ovunque nelle varie città italiane e raffigurava una ragazza con una lunga treccia bionda voltata di spalle con indosso solo le mutande Roberta. Da questi pochi esempi si comprende come il corpo fosse diventato in quegli anni il protagonista delle pubblicità.

Per riassumere, gli anni Ottanta sono stati un contenitore di grandi novità: l'arrivo del colore, la nascita della TV commerciale, l'adozione di un nuovo e avvincente linguaggio pubblicitario, le saghe che emozionavano il pubblico, la rappresentazione dello status sociale attraverso la marca industriale e una nuova rivoluzione sessuale che era disinibita nel linguaggio e nelle immagini. Anni frizzanti e con molti cambiamenti vissuti dalla società (e riprodotti di riflesso nella pubblicità). Anni in cui si comprende l'importanza del ruolo economico e sociale svolto dal settore pubblicitario, analizzato in numerosi testi e articoli pubblicati, ma non solo, anche in programmi televisivi come *Pubblimania* e *La notte dei pubblivori*. In questa crescente consapevolezza, il lavoro del pubblicitario finì con l'essere considerato molto alla moda. Presto, però, con gli anni Novanta arrivò anche qualcosa che le imprese non si aspettavano: la crisi della grande marca. Con essa iniziò a dissolversi anche l'idillio cui le aziende si erano abituate.

1.4. Gli anni Novanta.
Dalla crisi della grande marca al "ritorno al passato"

Come si è detto, negli anni Ottanta al telespettatore veniva data la possibilità di scegliere cosa guardare, in tal modo questi non era più costretto a vedere l'unica programmazione disponibile. La possibilità di scelta, simboleggiata dallo strumento del telecomando, cambiava il modo di fare televisione, siccome si doveva seguire la volontà del pubblico. Ma tale possibilità di scegliere crebbe ulteriormente con gli anni Novanta, quando il sistema della comunicazione televisiva passò dalla fase dei canali di massa a quella dei canali tematici personalizzati. Con la nascita dei canali tematici è il telespettatore a scegliere il prodotto di nicchia da seguire.

La prima televisione tematica in Italia fu Telepiù, nata nel 1991. Si dedicava al cinema, e i suoi finanziamenti derivavano dagli abbonamenti. Nacque in seguito Telepiù 2, che si occupava dello sport, MTV e Stream. Nel 2003 arrivò anche Sky, televisione satellitare di proprietà della famiglia Murdoch. L'arrivo dei canali tematici creò dei problemi al duopolio RAI e Mediaset, che vedevano un nuovo temibile rivale da dover affrontare con l'arma della comunicazione.

Negli anni Novanta ci fu però un altro evento inaspettato: la crisi della grande marca industriale, la quale negli anni Ottanta rappresentava un punto fermo nel mondo dei consumi e, di conseguenza, nelle strategie industriali e trovate pubblicitarie. L'origine di questo evento è da ricercare nella crisi che arrivò in Italia a partire dal 1991. Il consumatore, disponendo di un minor reddito destinato ai vari acquisti, divenne più attento nella scelta dei prodotti (che ormai erano sempre meno di marca). La crisi ebbe ripercussioni anche sull'attività promozionale, che risultava meno efficace e doveva trovare diverse strategie comunicative per raggiungere l'obiettivo di vendita.

In Italia iniziarono a sorgere nuovi punti di acquisto già diffusi in altri paesi occidentali: gli *hard discount*. Furono questi ipermercati a dare il via alla crisi della grande marca. Negli *hard discount* i prodotti sono esposti anonimamente nei grandi scaffali. Non c'è differenziazione o esaltazione di una marca in particolare, tanto più che i prodotti sono principalmente di marche sconosciute, ma a un prezzo accessibile al consumatore, il quale bada sempre meno alla promozione del prodotto. Infatti, gli *hard discount* non utilizzano la pubblicità per la promozione dei loro prodotti, ritenendo che il basso costo della merce sia sufficiente ad attirare i consumatori. Avvenne così in Italia quella che si può definire come la "rivoluzione distributiva": nacquero molti punti vendita quali ipermercati, centri commerciali e centri specializzati. Questo permise alle aziende di distribuzione di sfruttare il nuovo potere acquisito per proporre le proprie marche.

La risposta della grande marca industriale non tardò ad arrivare; decidendo di affidarsi alla pubblicità tornò presto alla ribalta. A questo proposito sarebbe bene fare una distinzione tra la realtà americana e quella italiana. In America l'avvio delle saghe che si erano già affacciate nel panorama pubblicitario il decennio precedente, risultò una strategia vincente. Queste si svilupparono attraverso i soggetti riuscendo a dialogare nel tempo con i consumatori. Alcuni esempi dei grandi successi ottenuti sono le pubblicità di Levi's, Nike, Reebok, Adidas, Coca-Cola, Chanel e Calvin Klein.

In Italia la situazione era diversa. L'Italia non è stata in grado di liberarsi dai condizionamenti culturali di *Carosello*. Lo testimonia il fatto che la pubblicità italiana ha dovuto sottostare per molti anni alle regole stabilite da questo programma. Si può comprendere meglio quanto appena detto, riportando diverse operazioni di recupero avvenute negli anni Novanta di alcuni personaggi di *Carosello*: la bionda della birra Peroni, il pulcino Calimero del detersivo Ava, l'uomo in ammollo di Bio Presto, il cowboy Gringo della carne Montana, il salto della staccionata dell'olio Cuore, etc. Ma non furono recuperati solo i personaggi di *Carosello*. Anche il linguaggio utilizzato venne riproposto, e con esso la strategia pubblicitaria che lo caratterizzava e che riusciva a tenere incollato il telespettatore allo schermo grazie a divertenti scenette, per poi descrivere brevemente, e solo alla fine, le qualità del prodotto pubblicizzato. Ne sono un esempio le saghe di Telecom con protagonista Massimo Lopez, il quale grazie al telefono riusciva a ritardare la sua imminente fucilazione; la pubblicità di Parmacotto con il simpatico salumiere interpretato da Christian De Sica; oppure ancora la sponsorizzazione del caffè Lavazza, con Tullio Solenghi (dal 1995) e Paolo Bonolis (dal 2000) che si trovavano in Paradiso ma si comportavano come se fossero vivi. Queste pubblicità appena citate hanno un linguaggio che non si discosta molto da quello tipico di *Carosello*: puntano sulla ripresa di scenette divertenti basate principalmente sul dialogo e sulla comicità tipica degli sketch televisivi o teatrali italiani. Si tratta di un linguaggio che non è universalmente compatibile con tutte le culture ma è quasi esclusivamente *made in Italy*. Non è quindi il linguaggio tipico delle grandi marche internazionali che si rivolgono a un pubblico su larga scala.

Altra prova che evidenzia una ripresa della strategia comunicativa di *Carosello* si trova nel crescente successo dell'agenzia pubblicitaria Armando Testa di Torino, che negli anni Novanta diventa la più importante agenzia pubblicitaria in Italia. Questa agenzia è stata fondata da uno dei più grandi pubblicitari dell'epoca di *Carosello*: Armando Testa, ideatore di numerosi personaggi; tra i tanti si possono citare Caballero e Carmencita (caffè Paulista), il pianeta Papalla (Philco) e l'ippopotamo Pippo (Lines). In diverse campagne, l'agenzia Armando Testa fa ricorso al tipo di comicità appena descritta, basata principalmente sulle battute verbali e sul dialogo. Comicità che faceva parte appunto di *Carosello*.

Le campagne pubblicitarie ideate dall'Agenzia Armando Testa risultarono efficaci e vincenti, e per questo motivo se ne parlerà in maniera più approfondita nel quarto capitolo; ma in linea generale, a emergere negli anni Novanta non sono le idee innovative, bensì la loro carenza. La pubblicità in quegli anni si è dimostrata arretrata rispetto al panorama internazionale, adottando strategie comunicative trite e ritrite, come l'utilizzo di testimonial provenienti dal mondo dello spettacolo e la strumentalizzazione di corpi nudi maschili e femminili. Questo tipo di pubblicità, ormai percorsa da troppo tempo per risultare di impatto, testimonia la mancanza di idee vincenti e rivoluzionarie. Ci sono state però delle eccezioni, come quella della pubblicità della Diesel, la quale usava un linguaggio basato sull'ironia e sulla dissacrazione degli stereotipi della cultura di massa. Nel 1998 al Festival di Cannes le scelte operate da Diesel sono state riconosciute con l'attribuzione del premio come azienda pubblicitaria dell'anno. Altre pubblicità che sono state in grado di usare un linguaggio internazionale e originale sono quelle di Martini, Pirelli e Swatch. È probabilmente un fattore chiave però, che le pubblicità sopracitate (Diesel compresa), sono risultate essere vincenti sul piano comunicativo grazie al fatto che hanno collaborato con registi pubblicitari stranieri. Questo ha reso possibile l'utilizzo di un linguaggio universalmente condiviso.

Un caso da menzionare è quello della Benetton, la quale negli anni Novanta si è distinta dalle altre pubblicità facendo ricorso alle campagne a tematica sociale, per lo più ideate dal fotografo Oliviero Toscani. In merito ad alcune scelte pubblicitarie sono sorte varie proteste. Mentre la campagna basata sullo slogan «United Colors of Benetton» riscosse molti consensi, altre pubblicità che prendevano posizione su temi scottanti come l'AIDS e la pena di morte, fecero discutere. L'utilizzo di immagini forti e sciocanti ha finito col chiamare a sé numerose polemiche, come quella che accusa di voler strumentalizzare la morte per raggiungere uno scopo commerciale. In realtà il tema della morte verrà poi utilizzato nuovamente in pubblicità (con Vigorsol, Tribe e Canal Jimmy).

Per riassumere, escludendo gli esempi appena descritti, si può dire che dai "frizzanti e gloriosi anni Ottanta" si è passati ai più "poveri" (in termini di idee) anni Novanta. Quasi come se le innovazioni pubblicitarie si fossero esaurite, le pubblicità italiane hanno ripercorso una strada già battuta in precedenza. Forse un po' per la crisi, forse perché risultava difficile comprendere come riconquistare il consumatore, il linguaggio pubblicitario si è in quegli anni arenato. Non sapendo come andare avanti ha finito col tornare indietro.

1.5. La pubblicità autoreferenziale

Una particolarità della pubblicità del terzo millennio è che il numero degli spot presenti in un intervallo abbastanza breve (diciamo circa tre minuti) è molto consistente. Ciò comporta che gli spot durano sempre meno, susseguendosi velocemente l'un l'altro (a differenza delle ormai lontane scenette di *Carosello* che duravano alcuni minuti per prodotto pubblicizzato). A cambiare è proprio il modo di rivolgersi al pubblico. Le immagini sono velocissime, e quello che si manda in onda deve rappresentare il significato chiave volto alla pubblicizzazione del prodotto. Una sola immagine, un solo simbolo devono essere sufficienti perché il consumatore memorizzi e faccia proprio l'oggetto del messaggio pubblicizzato.

In questi ultimi anni si assiste a un crescente "connessionismo". Con questo termine si intende una maggiore connessione della pubblicità con i vari strumenti mediatici presenti nella società, fino a considerarla come una vera e propria invasione negli spazi dei mass media che ci sono a disposizione. Questo nuovo tipo di inserimento della pubblicità non è così facilmente riconoscibile come si potrebbe pensare, e la tecnica di mescolarsi con i vari media messi a disposizione permette di comunicare più facilmente e di raggiungere lo scopo senza difficoltà. Ciò risulta possibile perché il fruitore finisce col considerarla come facente parte della propria quotidianità. Non c'è più solo il metodo pubblicitario tradizionale del testimonial del prodotto che ha l'obiettivo di convincere il consumatore all'acquisto, ma c'è una pubblicità che si infiltra in ogni media, con l'ovvia conseguenza di legarlo strettamente a sé. È il caso della campagna *What else* per le capsule Nespresso. Un mese prima che venisse trasmesso il filmato pilota nel 2006 giravano già immagini dell'attore George Clooney con una tazzina di caffè in mano su giornali cartacei e digitali. Inoltre, sempre Nespresso aveva lanciato una campagna pubblicitaria ideata inizialmente per la piattaforma *on-line* di YouTube, che vedeva il nuovo testimonial

Matt Damon al fiano di Clooney per pubblicizzare il prodotto. Questo è il classico esempio di pubblicità in grado di inserirsi nei vari media di comunicazione.

Si parlerà più avanti delle campagne per Nespresso e Martini, che hanno come testimonial l'attore George Clooney, ma già adesso si può anticipare che queste pubblicità, basate sull'ironia e sul rovesciamento del ruolo dell'eroe, trovano la strategia vincente grazie al fatto che differiscono dalle campagne scontate in cui il divo è ammirato e idolatrato.

Nel paragrafo precedente si è detto che le pubblicità prodotte negli anni Novanta sembrano essere tornate indietro, come se le idee si fossero diradate. Non tutte le strategie pubblicitarie però si sono fatte trasportare dalla corrente. Alcune si sono differenziate, uscendo dall'anonimato per seguire una nuova strada. È il caso delle pubblicità autoreferenziali. Per pubblicità autoreferenziale si intende quella pubblicità che vuole sempre meno mettere in primo piano l'oggetto che promuove a favore della messa a fuoco della pubblicità stessa. Questa strategia ha l'obiettivo di creare un rapporto di complicità con il consumatore, il quale ormai, nell'attuale società, non si accontenta più di vedere elogiate le qualità di un prodotto per convincersi di non poterne fare a meno. Questo nuovo approccio dei pubblicitari è solo in apparenza più debole rispetto al passato, ma è in realtà efficace e sottile, al punto tale che lo stesso destinatario non si rende immediatamente conto di come sia rimasto coinvolto nella persuasione pubblicitaria. Un esempio chiave di questa tecnica vincente è quello della pubblicità della Benetton ideata da Oliviero Toscani, in cui vengono rappresentati una suora e un prete che si baciano. L'immagine non fa alcun riferimento diretto a un capo della Benetton, ma ha l'obiettivo di scioccare lo spettatore, il quale finisce con l'associare automaticamente la foto provocatoria con il marchio Benetton. Questa scelta pubblicitaria non descrive il prodotto, è priva addirittura di testo e di dialogo. A comunicare è unicamente la fotografia.

Fotografia che spiazza, che provoca e che riesce nel suo intento di emergere dall'anonimato delle numerose pubblicità che attraversano lo sguardo dello spettatore ad altissima velocità.

PARTE SECONDA

Da "Le avventure del Signor Veneranda"
a "Una famiglia alla Mulino Bianco"

CAPITOLO 2

Qui si esaminano alcune pubblicità considerate "chiave" nei vent'anni in cui venne trasmesso *Carosello*, programma pubblicitario italiano che, come si è detto, andò in onda dal 1957 al 1977. Ebbe successo oltre ogni aspettativa, permettendo la realizzazione di personaggi che tutt'oggi vengono ricordati con malinconia.

La sigla iniziale fu ideata e prodotta da Luciano Emmer e Cesare Taurelli, mentre i quadri dei siparietti (che richiamavano simbolicamente il palco teatrale) erano disegnati da Nietta Vespignani, moglie del pittore Renzo Vespignani. Quando, nel 1962, la sigla cambiò, i disegni vennero eseguiti a tempera da Manfredo Manfredi e le immagini raffiguravano quattro celebri piazze italiane (Venezia, Siena, Napoli e Roma). A distanza di anni non è stata ancora dimenticata la colonna sonora di *Carosello*, intitolata *I menestrelli*, tratta dalla melodia *I pagliacci* e realizzata da Raffaele Gervasio nel 1957. Nel 1962 la musica venne riadattata da Marcello De Martino, il quale creò una nuova versione della sigla, per poi adottare un nuovo arrangiamento nel 1974 (sempre a opera di De Martino) che la rese ancora più breve.

Per fornire un ampio ventaglio dei generi pubblicitari mandati in onda nel ventennio di *Carosello*, vengono prese in oggetto sia scenette di animazione, che di passo uno, che spot realizzati con attori in carne e ossa. Per avere una visione più completa possibile dell'evoluzione delle pubblicità in questione, l'attenzione si focalizza in quelle di maggiore impatto trasmesse nel corso degli anni, dagli esordi al tramonto. Si inizia quindi con la prima pubblicità di *Carosello*, avente come protagonista l'attore Erminio Macario.

2.1. Le avventure del Signor Veneranda

L'attore Erminio Macario, con la pubblicità per il Brandy Stock 84 inaugura, nel 1957, il primo ciclo del programma pubblicitario *Carosello*. Il regista della pubblicità era Eros Macchi, lo sceneggiatore e ideatore del personaggio Carletto Manzoni e il produttore Pino Peserico.

In questa pubblicità, Macario interpreta i panni del simpatico Signor Veneranda: un uomo dall'inconfondibile inflessione dialettale piemontese, che girando per la città incontra varie persone (interpretate negli spot da Giulio Marchetti). Dopo aver avuto un confronto verbale con i malcapitati interlocutori, riceve sempre risposte sgarbate; ecco allora che il suo avere a che fare con persone che lo trattano male lo risolve grazie al Brandy Stock 84 e non ci pensa più.

Le ambientazioni in cui vengono girate le pubblicità sono essenziali e i personaggi che il Signor Veneranda incontra durante le sue avventure rappresentano generalmente lo stereotipo dell'uomo di città, sempre di corsa e super impegnato. Quando il Signor Veneranda si rivolge alle sue "vittime" propone loro domande senza senso nel contesto nel quale vengono poste, e giochetti di parole in cui il linguaggio è sempre elemento essenziale. La reazione dei cittadini, inizialmente disorientati, passa da un tentativo di reggere la conversazione rispondendo alle domande dell'eccentrico personaggio che hanno di fronte, per arrivare poi a perdere la pazienza e a congedare in malo modo il

Signor Veneranda, che a quel punto svelerà la soluzione per consolarsi dopo gli incontri con "quei tipi": bere un bicchierino di Brandy Stock 84. Solo così tutto il mondo gli ridiventerà amico.

2.1.1. Il Signor Veneranda. *Biglietto d'entrata e d'uscita*

La pubblicità inizia con il Signor Veneranda che entra in scena fischiettando con una rosa in mano e il cappello in testa. A giocare un ruolo rilevante sono i movimenti di Macario, che maneggia i vari oggetti scenici senza lasciare nulla al caso; dalla rosa al cappello, gesticolando nel parlare (sia la rosa che il cappello non li ha solo in questo spot). In seguito, parte la gag con Macario che chiede i biglietti al commesso e inizia a fare un giro di parole che innervosisce l'addetto alla biglietteria:

Parte la musichetta. Il Signor Veneranda arriva fischiettando con una rosa in mano mentre il commesso legge tranquillamente fumando una pipa.
Addetto alla biglietteria: «Buongiorno!».
Signor Veneranda: «'Giorno. Lei fuma, eh?».
AB: «Sì, la pipa».
SV: «Complimenti». (E nel dirlo si gira, alza il cappello e lo riposiziona sulla testa)
AB: «Grazie».
SV: «Prego. Io vorrei un biglietto di entrata e uno di uscita».
AB: «Come, come?».
SV: «Dico che vorrei un biglietto di entrata e uno di uscita dalla fiera. Forse, non mi sono spiegato bene?».
AB: «Oh, lei si è spiegato benissimo, ma noi abbiamo biglietti

di entrata soltanto. Biglietti di uscita non ne abbiamo».

SV: «Bravo». (Ride). «Allora secondo lei io dovrei rimanere chiuso dentro la fiera senza più uscire?».

AB: «Oh no, no, no, no. Lei può uscire quando vuole. Senza biglietto».

SV: «Allora mi spieghi come faccio a uscire dalla fiera se adesso sono fuori».

AB: «Beh, naturalmente prima di uscire lei deve entrare».

SV: «Ah… allora posso entrare senza biglietto?».

AB: «No, no, no, no, no. Lei deve entrare col biglietto. Può uscire poi quando vuole».

SV: «Ah, dunque vede che per uscire ci vuole il biglietto!». (Ride)

AB: «Ma no, per uscire non le serve il biglietto. Le serve il biglietto per entrare».

SV: «Ma come faccio a uscire se prima non entro?».

AB: «Senta. Lei compera il biglietto. Entra. Poi esce quando le pare e piace».

SV: «Io compro il biglietto?».

AB: «Sì».

SV: «Poi entro».

AB: «Entra».

SV: «Ed esco».

AB: «Quando le pare e piace».

SV: «Col biglietto!».

AB: «SENZA BIGLIETTO!».

SV: «SENTA, SE PER ENTRARE CI VUOLE IL BIGLIETTO COSA ME LA CONTA LEI!».

AB: «SENTA…».

SV: «SENTA...».

AB: «NO, SENTA LEI...».

SV: «SENTA ME...».

AB: «MA LEI SENTA ME!».

SV: «IO GIÀ LEI L'HO SENTITA!».

AB: «E IO HO SENTITO LEI!».

SV: «ALLORA NON SENTIAMOCI PIÙ PER NIENTE!».

AB: «E NON SENTIAMOCI PIÙ!».

SV: «Ah ecco, bravo! Allora facciamo sentire loro». Con il dito indica la telecamera, come se volesse rivolgersi ai telespettatori, svelando la finzione scenica al pubblico. E continua: «Ma guarda un po' se per entrare alla fiera uno deve stare qui a fare una discussione che non finisce più».

AB: «È quello che dico io!».

SV: «Con quel tipo lì! Pure la pipa c'ha!».

AB: «Sicuro! La pipa!».

SV: «Che razza di gente che si trovano a questo mondo io non lo so...». Mentre lo dice alza e abbassa il cappello e va via accompagnato dalla musichetta.

A questo punto parte il codino pubblicitario con Macario che si rivolge direttamente al pubblico e svela la marca del prodotto pubblicizzato dicendo: «Avete visto che tipo? Meno male che io faccio presto a consolarmi. Mi bevo un bicchierino di Brandy Stock e tutto il mondo mi ridiventa amico. Fate anche voi come me che me ne intendo. Prendete un Brandy Stock, ma che sia proprio Stock, eh!».

Nel codino, la ripresa della telecamera parte sul primo piano dell'attore, il quale ha in mano la bottiglia del prodotto, ma che ancora non è visibile sullo schermo. Man mano che parla, alla frase: «Mi bevo un bicchierino di Brandy Stock», la telecamera allarga la visuale e si vede Macario a mezzo busto che tiene in mano la bottiglia. Ne compaiono anche due in sovrimpressione prima della fine dell'annuncio. La stessa tecnica di ripresa viene utilizzata anche nell'altro famoso spot, in cui il Signor Veneranda ferma un passante per far lui una sorta di gioco a quiz sulle strade della città.

In questa pubblicità il carisma dell'attore è messo in primo piano. Personaggio che innervosisce l'interlocutore ed è padrone di un linguaggio che mette in crisi chi ha davanti (e fa anche riflettere lo spettatore con un piccolo viaggio mentale di parole e tranelli logici). La gag punta tutto sulla particolarità del personaggio, sulle sue espressioni verbali e non verbali e sull'utilizzo del linguaggio, dando risalto anche alla provenienza geografica del Signor Veneranda (piemontese).

2.2. L'Omino coi baffi della Bialetti

L'Omino coi baffi della Bialetti nasce nel 1952 ma approda nel programma *Carosello* nel 1958 e va in onda fino al 1968. Fu il primo personaggio animato pubblicitario della televisione italiana. Verrà poi riproposto per una nuova serie di spot nel 1994. L'ideatore di questo personaggio è il fumettista modenese Paul Campani, il quale pubblicizza la Moka Express della Bialetti per "un espresso meglio che al bar".

Il personaggio è un distinto signore baffuto; indossa un elegante abito nero, il cappello e il papillon. Ha lunghe braccia e un naso molto grosso ovale. L'Omino coi baffi rappresenta la stilizzazione grafica del vero intenditore di caffè. Ciò che rende inconfondibile l'Omino coi baffi non è solo la sua parlata, ma il fatto che ai movimenti della bocca sono associate le lettere che pronuncia; particolarità che invita lo spettatore a seguire con lo sguardo le parole del personaggio, quasi come a volersi assicurare che ci sia effettivamente corrispondenza tra le lettere scritte e quelle pronunciate.

La frase recitata in ogni episodio dall'Omino coi baffi: «Eh, sì, sì, sì. Sembra facile!» (fare un buon caffè), diventa un tormentone, e ben presto entra a far parte dei modi di dire nelle case degli italiani. Questo a dimostrazione di quanto il linguaggio pubblicitario sia in grado di entrare nel parlato di tutti i giorni. Inoltre, visto il successo della frase in questione, le numerose scenette che lo vedono protagonista hanno come titolo proprio la frase: «Sembra facile!».

Dal 1960 al 1967 l'attore Raffaele Pisu affianca l'Omino coi baffi in alcuni episodi di *Carosello* e anche in tali episodi non manca la frase nel codino: «Sembra facile... farsi un buon caffè». È il primo esempio chiave di come nella strategia pubblicitaria sia risultato vincente affiancare un attore in carne e ossa a un personaggio di animazione.

2.2.1. «Eh, sì, sì, sì. Sembra facile!»

Le scenette hanno il titolo iniziale: «Sembra facile!», frase chiave del personaggio. In ogni episodio l'Omino coi baffi spiega allo spettatore come svolgere determinate mansioni in apparenza facili da eseguire, per poi scoprire che per ognuna di esse si incontrano invece ostacoli non proprio semplici da superare. Dai consigli su come riparare un rubinetto che perde, su come costruire una trappola per topi, ma addirittura su come preparare una frittata, si scopre che in realtà nulla è semplice come sembra a prima vista e che a volte non ci sono soluzioni immediate per riuscire nel raggiungimento dell'obiettivo. Dopo aver affrontato varie peripezie con risultati infruttuosi, l'Omino coi baffi spiega che anche preparare un buon caffè sembra facile, ma che a differenza di altre "imprese" difficili da compiere, fare il caffè è diventato davvero facile, grazie alla caffettiera della Bialetti Moka Express.

Il linguaggio è semplice e le scenette riprodotte sono divertenti. L'Omino coi baffi, o tenta di risolvere il problema da solo, oppure spiega a un personaggio esterno come fare; come nel caso della zia Betty, (che ha le fattezze dell'Omino coi baffi ma ha i capelli lunghi, gli occhiali ed è vestita da donna), la quale è impegnata nell'ardua missione di preparare una frittata. In ogni caso lo sfondo della scenetta è comico e i protagonisti si trovano in situazioni buffe e ingestibili, per poi arrivare alla frase pronunciata dall'Omino coi baffi che pubblicizza il prodotto:

«Sembra facile! Anche farsi un buon caffè sembra facile, ma non basta avere un buon caffè per macinato, dell'acqua, il fuoco. Eh, no, no, no, no. Ci vuole anche esperienza, cura e una buona caffettiera. La caffettiera Moka Express».

Diversa è la scenetta dal titolo *Telequiz*. In questa pubblicità l'Omino coi baffi sottopone lo spettatore a semplici quiz in cui deve indovinare l'attività svolta da un distinto signore (che ha le stesse fattezze dell'Omino coi baffi). Indovinare è semplice, talmente semplice che per i primi due esempi l'Omino coi baffi dice: «Voi NON dovrete indovinare che cosa fa questo distinto signore. No... sarebbe troppo facile». Chiede invece di indovinare cosa fa il signore nel terzo quiz; questo risulta più difficile da dedurre poiché mancano i dettagli che ne permetterebbero la comprensione. L'Omino coi baffi allora dice: «Non è più così semplice, vero?». Quando i dettagli vengono aggiunti si capisce che il distinto signore è al timone di una nave e, aggiunge l'Omino coi baffi: «Fa del suo meglio per non andare a fondo». Questo perché? Perché il capitano è occupato a fare altro. Come spiega l'Omino coi baffi, infatti:

«E intanto, direte voi, il capitano che cosa fa? Eh, eh, quel vecchio lupo di mare si sta facendo un espresso e, è facile indovinare, con la caffettiera Moka Express».

Subito dopo la telecamera riprende una famiglia che beve il caffè fatto con la caffettiera Moka Express e che pubblicizza il prodotto, elogiandone le qualità. Questa pubblicità si discosta un po' dalle altre in cui l'Omino coi baffi si trova a che fare con situazioni che sembrano facili da affrontare ma che tanto facili non sono. In questo caso a risultare difficile è dare la risposta al quiz, mentre è facile capire come mai il capitano abbia deciso di concedersi una pausa dal suo duro lavoro.

2.3. La nascita di Topo Gigio.
«Strapazzami di coccole!»

Topo Gigio è un pupazzo animato, ideato nel 1959 dall'artista Maria Perego. Il personaggio divenne popolare da subito e non piacque solo ai bambini, ma anche agli adulti. Il successo fu tale da riuscire a evadere dai confini italiani, divenendo un'icona internazionale.

Innocente, dolce e bisognoso di coccole, (nota è la sua frase: «strapazzami di coccole») entra nei cuori e nelle case degli italiani ispirando tenerezza.

Il suo aspetto è quello di un topo dalle sembianze umane, realizzato in moltoprene, ha orecchie grandi, denti sporgenti e colorito roseo. La sua voce, doppiata prima da Domenico Modugno, poi da Peppino Mazzullo e infine da Davide Garbolino, ispira simpatia e rimane impressa nella mente dello spettatore che, col tempo, fa proprie alcune delle sue frasi, facendole diventare veri e propri tormentoni.

Topo Gigio compare per la prima volta in TV nel 1959 nella trasmissione *Alta Fedeltà*. Nel 1961 sarà invece il testimonial della marca di biscotti Pavesini all'interno del programma *Carosello*.

Il suo "curriculum" diverrà ricchissimo nel corso degli anni: sarà il protagonista di vari libri, fumetti, cartoni, anime, programmi televisivi come *Canzonissima* accanto a Raffaella Carrà nel 1974 e varie trasmissioni RAI (tra cui lo *Zecchino d'Oro*). Sono state addirittura incise alcune canzoni con la voce di Topo Gigio negli anni Settanta; tra queste, la più famosa è *Strapazzami di coccole*.

Come si è accennato sopra, Topo Gigio divenne un'icona internazionale, riscuotendo successo nelle trasmissioni televisive di tutto il mondo (in Uruguay è diventato addirittura la mascotte della squadra di calcio dell'Huracán Buceo di Montevideo).

Dato il grandissimo successo e le sue innumerevoli apparizioni in varie produzioni artistiche, non è possibile approfondire ogni aspetto di questo personaggio. Avendo il saggio come oggetto la pubblicità, vengono prese in analisi alcune scenette andate in onda durante *Carosello* e realizzate per la pubblicità dei biscotti Pavesini.

2.3.1. Topo Gigio e i biscotti Pavesini

Nel 1961 Topo Gigio diventa il testimonial della marca di biscotti Pavesini. I Pavesini erano già famosi all'epoca, ma con l'aiuto del piccolo topolino il prodotto assunse una fama ancora maggiore. Guardando le varie scenette ideate per la promozione del prodotto, la prima particolarità che cattura l'attenzione è che Topo Gigio è sì un personaggio inventato, un pupazzo frutto dell'immaginazione della Perego, ma è anche la star della scenetta. Al fianco di Topo Gigio recitano attori in carne e ossa che si rapportano con lui e dialogano con lui. È un connubio tra un pupazzo umanizzato e attori umani veri e propri. Questo genere di approccio alla realizzazione di uno spot pubblicitario risulta innovativo poiché si discosta dalle tecniche fino a quel momento utilizzate (spot o con attori o con personaggi di animazione). Inoltre, la grande fama nazionale e internazionale che Topo Gigio ottiene nel giro di poco tempo, gli conferisce credibilità. È un vero e proprio piccolo divo che ogni spettatore vorrebbe avere come ospite a cena, come se gli si attribuisse un'esistenza reale, palpabile.

All'interno del programma *Carosello* Topo Gigio recita insieme a vari attori. Le situazioni in cui si trova il piccolo topo sono le più varie, non c'è una trama simile in ogni scenetta. A volte è una recluta dell'esercito, altre volte un semplice topino molto dolce e un po' infantile che parla con una bella fanciulla che lo supplica di cantare, altre volte ancora recita direttamente con i bambini. In quest'ultimo caso lo scopo è voler affiancare un personaggio candido ad altri personaggi innocenti. C'è un volontario richiamo a ciò che è puro e non contaminato, come per dire che anche i Pavesini sono genuini. Un prodotto che è talmente leggero che si può mangiare a ogni ora del giorno. Infatti, era stato realizzato l'orologio con i Pavesini al posto delle lancette, immagine affiancata dal noto slogan: «È sempre ora dei Pavesini».

Sono diverse le frasi conosciute volte alla promozione del prodotto. In alcune scenette si è puntato alla pubblicizzazione dei Pavesini facendo cantare Topo Gigio, come quando intona la canzone:

«Ho comprato i Pavesini e me ne vanto,

ho comprato i Pavesini e sono contento,

me ne mangio un pacchettin,

di quei buoni biscottin,

e mi tengo su su su, con i Pa-ve-sin!».

Altra soluzione adottata per lasciare impresso nel telespettatore la promozione del prodotto è stata la frase in rima pronunciata da Topo Gigio:

«Bambini e grandini,

tenetevi su con i Pavesini».

C'è da dire che non mancano le disavventure anche per Topo Gigio; come quando, dopo aver ricevuto un netto rifiuto da parte dell'autista dell'autobus che lo considera troppo piccino per comprare un biglietto, il piccolo Topo Gigio le prova tutte pur di diventare più alto. Prova a frequentare lezioni di ginnastica per aumentare di statura, prova ad appendersi prima per le orecchie per allungarle, poi per le gambe stando a testa in giù. Tenta infine di convincere l'autista di essere alto usando i trampoli, ma a causa di una brusca frenata cade nella borsa di una signora; borsa dentro la quale c'è un pacchetto di Pavesini. La signora esclama, stupita: «Oh, Gigio… Proprio tu? Cosa hai fatto?». Solo allora Topo Gigio comprende che l'unico modo per "tenersi su" è quello di mangiare i Pavesini.

Si può dire che, pur non avendo una trama costante e un sentiero ripercorribile per ogni scenetta, la pubblicità dei Pavesini risulta vincente grazie alla personalità del personaggio che la sponsorizza.

Si era accennato ai vari casi in cui i personaggi che pubblicizzavano i prodotti rischiavano di mettere in ombra il prodotto stesso a causa del loro grande carisma. Lo spettatore finiva per ricordare molto bene il protagonista della scenetta, senza però associarlo ad alcun prodotto in particolare. I biscotti Pavesini non hanno avuto problemi di pubblicità fallimentare, ma non è comunque trascurabile il fatto che Topo Gigio non si associa unicamente al prodotto dei Pavesini. La sua presenza in una moltitudine di progetti; dai cartoni, ai programmi televisivi, ai fumetti, lo porta a scavalcare il prodotto stesso, non essendo l'unico oggetto al quale lo si possa collegare (al contrario, per esempio, del personaggio dell'Omino coi baffi, creato per l'universo Bialetti, fuori dal quale non è mai uscito).

2.4. Calimero, un pulcino piccolo e nero

Calimero è un personaggio di animazione ideato per la società di detersivi Mira Lanza nel 1963. Ufficialmente risulta che a idearlo furono i fumettisti e fratelli Nino e Tony Pagot. In seguito, Carlo Peroni, fumettista che lavorava per la ditta dei due fratelli, l'Organizzazione Pagot (trasformata in seguito in Pagot Film), ne rivendicò la realizzazione. Peroni, blogger oltre che fumettista, scrisse nel suo blog che fu lui il vero ideatore del personaggio di Calimero, ma che la paternità su quest'ultimo non gli fu mai riconosciuta. Tutt'ora i diritti sono passati ai figli di Nino e Tony Pagot, i quali sostengono che gli unici autori ad aver ideato Calimero sono i loro cari, con la collaborazione di Ignazio Colnaghi, che fu la voce del personaggio di Calimero.

Oltre agli spot ideati per *Carosello* furono in seguito realizzati duecentonovanta episodi a colori, aventi il simpatico pulcino come protagonista; in queste storie Calimero vive in famiglia con la madre Cesira e con Gallettoni, i quali lo accudiscono in quanto loro figlio unico. A differenza degli spot ideati per *Carosello*, nei cartoni Calimero non torna bianco, ma conserva il colore nero delle sue piume.

Calimero è talvolta affiancato da altri personaggi come la fidanzata Priscilla e l'amico Valeriano, ma sono stati realizzati anche dei personaggi negativi, i quali rendono difficile la vita al piccolo pulcino, come il papero Piero e il professor Gufo Saggio.

Il personaggio di Calimero diventa da subito famosissimo e la frase da lui pronunciata a fine spot: «Eh, che maniere! Qui fanno sempre così perché loro sono grandi e io sono piccolo e nero... è un'ingiustizia, però!», entra a far parte del linguaggio delle famiglie italiane. Tutt'oggi sono rimasti alcuni modi di dire coniati da Calimero: «Non mi volete solo perché sono piccolo e nero». Oppure frasi dette dai genitori ai figli in tono scherzoso: «Non lo puoi fare perché sei piccolo e nero!».

2.4.1. «Ava come lava!»

Calimero compare in TV per la prima volta il 14 luglio 1963. La sua storia è quella di un pulcino, il quinto covato dalla gallina veneta Cesira, la quale indossa mutandoni a pallini e un grande *foulard*. L'uovo di Calimero non si schiude insieme a quello dei fratellini, e mamma chioccia lo lascia incustodito per badare ai piccoli monelli che scappano ovunque. Intanto, l'uovo contenente Calimero inizia a schiudersi. Spuntano prima le zampe; poi, nell'inciampare si sgretola anche il resto dell'uovo (nonostante il guscio superiore rimarrà sempre sulla testa di Calimero, come se fosse il suo cappello). Quando nasce, il pulcino è bianco, ma nella foga di andare a cercare la mamma cade in una pozzanghera sporcandosi e diventando nero. Inizia così l'avventura di Calimero, che va alla ricerca di mamma chioccia. Dopo aver scambiato prima un cane, poi un topo per la sua mamma, alla fine la trova, ma questa non lo vuole perché lei ha solo pulcini bianchi, mentre lui è "piccolo e nero". Sconsolato, guarda andare via i suoi fratellini con la mamma e si incammina senza meta, quando incontra la gentile olandesina che gli chiede: «Cosa c'è?». E Calimero risponde: «Non trovo la mia mamma perché sono nero». Allora l'olandesina spiega, mettendo Calimero in una bacinella piena di sapone: «Tu non sei nero, sei solo sporco!». E il pulcino torna bianco. Solo allora Calimero pronuncia lo slogan:

«Ava come lava!». Questo è l'inizio di una serie di avventure che avranno il piccolo Calimero come protagonista.

Un'interessante lettura della pubblicità di Calimero in relazione all'impatto sociale che ha avuto, riguarda le accuse di razzismo. Il pulcino, fino a quando è nero non viene socialmente accettato e subisce delle ingiustizie. Il riscatto sociale avviene solo nel momento in cui Calimero torna a essere bianco. Una pubblicità particolarmente significativa in merito a questo tema è quella intitolata: *Calimero da Papero Piero* del 1969. Papero Piero è uno dei personaggi comparsi diverse volte nelle pubblicità degli spot Mira Lanza ed è un compagno di classe di Calimero, viziato e macchinoso. Il papà di Piero è il capo del papà di Calimero. In questa pubblicità i genitori di Piero, che vivono in una bella casa, invitano da loro Calimero e la sua famiglia, nonostante la madre di Piero sia contraria alla cosa.

Il dialogo iniziale dello spot si sviluppa così:

Madre Piero: «Come ti è saltato in mente di invitare la famiglia del tuo fattorino a prendere il Tè?».

Padre Piero: «Come capo ufficio ho il dovere di mantenere buoni rapporti con i dipendenti. E poi i Gallettoni sono brava gente».

Madre Piero: «Ma sono di un altro ambiente».

Da questa conversazione emerge l'aspetto classista della vicenda. Lo spot prosegue con l'arrivo dei Gallettoni, che si comportano in maniera impeccabile (Calimero fa anche il gesto di togliersi il guscio dalla testa). Mentre i genitori prendono il Tè, Papero Piero porta Calimero a vedere il suo trenino. Calimero, vedendo il trenino si emoziona perché lo considera bellissimo, mentre per Piero è ormai vecchio perché ha già ben un anno. Così decide di "fracassarlo per farsene comprare un altro".

La conversazione tra i personaggi dello spot è questa:

Calimero: «Peccato! Ma… sei sicuro che te ne comprano un altro?».

Piero: «Naturalmente».

Calimero: «E tuo padre non ti dirà niente?».

Piero: «Certo! Tieni questo e stai a vedere». (Mette il martello nelle mani di Calimero e si butta a terra in lacrime, urlando e piangendo)

Padre Calimero: «Cosa è successo?».

Piero: «È stato Calimero. Mi ha rotto il trenino e voleva picchiarmi».

Madre Piero: «Te l'avevo detto che certa gente è meglio non invitarla in casa».

Padre Piero: «Avevi ragione! Fuori di casa mia chi non sa educare i figli! In quanto al trenino, glielo tratterrò domani dal suo ULTIMO stipendio!».

La famiglia Gallettoni viene sbattuta fuori casa e Calimero tenta inutilmente di spiegare ai genitori che non è stata colpa sua. Il padre però, avvilito e furente lo scaccia, definendolo: "la sua rovina". Il piccolo pulcino va via, pronunciando la sua solita frase: «Eh, che maniere. Qui fanno sempre così perché loro sono grandi e io sono piccolo e nero. È un'ingiustizia, però». Incontra poi la gentile olandesina che gli dice: «Siamo alle solite, Calimero. Tu non sei nero, sei solo sporco!». E lo fa tornare bianco lavandolo con il detersivo della Mira Lanza.

Alla fine di questa avventura la giustizia non trionfa e a Calimero, come sempre, vengono attribuite colpe non sue perché piccolo e nero.

La pubblicità appena descritta è stata considerata da alcuni come uno spot razzista e classista. Ma non è detto che la scenetta nascondesse intenti razzisti. Dopotutto, la logica vuole che un detersivo, per funzionare bene, debba far diventare bianco ciò che bianco non è. Inoltre, al telespettatore risulta chiaro che in realtà a non saper educare i figli è il padrone di casa ricco e facoltoso, e non il povero dipendente, papà di Calimero. È vero anche però, che le sfortune capitate a Calimero sono direttamente collegate al suo "essere piccolo e nero"; un esempio calzante è il fatto stesso che quando nasce e trova la mamma, lei non lo riconosce come suo perché i suoi pulcini sono solo bianchi. Calimero, inoltre, viene cacciato spesso in malo modo con la frase: «Vattene via, piccolo sgorbio nero!». In ogni caso, non si starà qui a decretare se le accuse di razzismo siano fondate o meno. Quello che è interessante sottolineare riguarda il fatto che una pubblicità come questa sia riuscita a richiamare l'attenzione del telespettatore su un tema che esula da quello del mero acquisto del prodotto. Le persone, dando il loro punto di vista sulla questione razziale o classista, parlano del prodotto e, in un modo o nell'altro, ne aumentano la sua notorietà. Questo si può considerare uno dei primi esempi di pubblicità che fanno discutere. Di pubblicità cioè, che entrano a far parte anche delle conversazioni tra familiari o amici, che prendono posizione su un argomento che si discosta dal prodotto pubblicizzato (un po' come avverrà anni dopo con le pubblicità di Oliviero Toscani).

Nei vari spot della Mira Lanza con Calimero come suo testimonial non mancano gli stereotipi: il cugino Teofilo parla in romanaccio ed è uno sbruffone che dice di essere campione di box mentre non lo è assolutamente (la parlata romana viene accostata a un personaggio pieno di sé). C'è poi lo zio Giobatta, lo zio tirchio di Calimero dal forte accento genovese che a Natale è diffidente nei confronti del nipote che gli porta in dono un salvadanaio senza pretendere nulla in cambio. Rendendosi conto di essere un taccagno, decide di usare le sue 'palanche' per fare dei regali alla famiglia Gallettoni. Il dialetto genovese torna anche in bocca alla volpe. Furba e macchinosa, vuole guadagnare tante 'palanche' ingannando l'ingenuo Calimero. Dopo aver convinto il pulcino a cantare per commuovere il vicinato e guadagnare qualche soldino, a fine giornata, nello spartire i soldi lo inganna parlando di trattenute: «Certo, dalla tua parte bisogna detrarre duecento soldini per l'ammortamento dell'organino, duecento per i diritti d'autore, cento per il fondo pensioni, cento per la cassa malattie, cento per l'INA case. In totale fanno settecento soldini. Dunque, mi devi dare duecento soldini di resto». La volpe dall'accento genovese si prende gioco di Calimero e, dopo essersi finta indignata per la messa in discussione della sua onestà, lo caccia con la solita frase: «Vattene via, piccolo sgorbio nero!».

Nello spot intitolato *A bordo* ritroviamo lo zio genovese Giobatta. Questa volta sono a bordo della nave dello zio, e l'equipaggio (composto sempre da personaggi con inflessione dialettale genovese) si lamenta, definendo il capo 'taccagno', 'spilorcio' e 'affamatore di marittimi'. Lo zio è arrabbiato perché il suo equipaggio 'mugugna' di continuo. Calimero dice allo zio per tranquillizzarlo: «E lasciali mugugnare, zio. Tanto il mugugno è gratis!». Lo zio capisce che deve tenersi buona la ciurma prima che questa si possa rivoltare contro di lui e invita Calimero a cantare per l'equipaggio. Così, il piccolo pulcino intona la canzone

Ma se ghe pensu, commuovendo l'intero personale di bordo, comandante compreso; il quale, distratto dalla bravura di Calimero, sbaglia la manovra e, andando a sbattere contro degli scogli, distrugge l'intero carico di zio Giobatta. Spiegando il motivo della sua distrazione, Giobatta se la prende con Calimero, cacciandolo via e dandogli come al solito del: «Piccolo sgorbio nero». Ancora una volta il dialetto risulta elemento chiave dello spot. In questa pubblicità, Calimero canta addirittura in genovese per rabbonire i dipendenti dello zio taccagno.

Lo spot della Mira Lanza intitolato *Prego, si metta in posa* del 1970 si discosta nello svolgimento della trama rispetto alle altre pubblicità. Se di solito le disavventure di Calimero non hanno un lieto fine e terminano con il pulcino che esce di scena sconsolato e rifiutato, in questo caso la storia finisce con la punizione del vero colpevole (la volpe che ruba il portafogli al ricco maiale), e con il riconoscimento da parte del personaggio derubato nei confronti di Calimero, che involontariamente ha risolto la situazione. Quando Calimero va a lavarsi, dopo aver dato la mano al Signor Maiale ed essersi reso conto di essere: «un po' sporchino», esce dalla tinozza e vola verso una banca. L'olandesina lo guarda, sorpresa: «Calimero, dove vai?». Il pulcino risponde: «Corro in banca a portare la figurina da cento punti». Calimero consegna la figurina a un impiegato della banca (quindi c'è un'unione del personaggio animato con un personaggio reale) e una voce fuori campo spiega: «Naturalmente abbiamo scherzato. Questa non è una banca vera, però è vero che le figurine del concorso Mira Lanza hanno un valore. Un valore reale. E nel fustino di Ava lavatrici c'è una figurina da cento punti».

L'invenzione delle figurine per un concorso Mira Lanza aveva lo scopo di fidelizzare il cliente. Dunque, era stata ideata un'operazione di marketing più complessa della solita pubblicizzazione del prodotto a fine spot con l'elenco delle qualità e delle caratteristiche dell'oggetto pubblicizzato. Lo scopo della raccolta punti è quello di premiare il consumatore che rimane fedele al prodotto.

2.5. Caballero e Carmencita per il caffè Paulista della Lavazza

Caballero e Carmencita furono ideati dal pubblicitario Armando Testa. Disegnatore torinese dalla mente geniale e ideatore di molti personaggi noti al pubblico. Tra questi si annoverano appunto il Caballero misterioso e la sua innamorata: Carmencita. I due personaggi furono i protagonisti delle pubblicità per il caffè Paulista della Lavazza dal 1964 al 1975. La storia della nascita di Caballero è molto singolare. Negli anni Sessanta, Testa aveva già ideato il personaggio Paulista, con lo scopo di farlo diventare testimonial della Lavazza. Il suo aspetto era caratterizzato da grandi baffoni, indossava un sombrero, e il corpo, a forma di cono, era avvolto da un poncho-etichetta, esempio tipico dell'immagine-marchio volta alla sponsorizzazione del prodotto. Nel momento in cui gli spot della Lavazza vennero mandati in onda nel programma *Carosello*, sorse però un problema: durante i minuti dedicati allo spettacolo non era possibile fare alcun riferimento al prodotto pubblicizzato. Siccome Paulista era ormai riconoscibile come marchio del caffè Lavazza, Testa dovette creare un nuovo personaggio. Ideò così il Caballero Misterioso: un semplicissimo cono di gesso bianco, senza braccia, senza gambe, con gli occhi a palla e il sorriso disegnato. Indossava un grande cappello e un cinturone con la pistola. Alla fine della scenetta svelava sempre la sua vera identità, trasformandosi in Paulista. Una volta ideato Caballero, Testa gli affiancò la sua bella innamorata: Carmencita. Uguale nelle proporzioni e nella forma, aveva anch'essa la bocca disegnata (ma a forma di cuore). Mentre Caballero poteva muovere il cappello e la pistola (che sparava da sola), Carmencita agitava le trecce.

Venne realizzata una scenografia con piccoli villaggi, casette e porticati popolati da personaggi molto particolari. I personaggi di Carmencita e Caballero piacquero subito al pubblico, e la frase di chiusura del *Carosello*: «Bambina, sei già mia, chiudi il gas e vieni via» entrò nel linguaggio di tutti (altro esempio di come il linguaggio pubblicitario ha la capacità di entrare nel parlato comune).

La struttura delle scenette è serializzata ed è sviluppata in modo tale da divertire lo spettatore, il quale si lega alla storia a puntate e vuole conoscerne il seguito. Lo sviluppo delle storie si svolge sempre in questo modo: il protagonista è il focoso Caballero, senza macchia e senza paura, che vaga errante per le lande desolate dell'Argentina alla ricerca della sua amata: Carmencita. Caballero affronta le avversità impavido e sicuro di sé. È lui l'eroe che salva la sua innamorata da situazioni pericolose, superando ogni ostacolo che trova lungo il cammino. Una volta trovata e salvata Carmencita, le dice di fuggire con lui, ma questa si rifiuta perché ama un altro uomo (che è Paulista). Solo a quel punto Caballero svela la sua vera identità e si trasforma in Paulista, pubblicizzando il prodotto della Lavazza nel codino finale dello spot.

2.5.1. «Bambina, sei già mia, chiudi il gas e vieni via»

In questo paragrafo si prendono in esame alcuni degli spot della Lavazza con Caballero e Carmencita che pubblicizzano il caffè Paulista.

Le scenette iniziano sempre con una ripresa sulla landa desolata e Caballero a cavallo del suo destriero che va a cercare Carmencita. Il titolo di ogni spot è: «Un amore a prima vista». Poi subentra la voce fuori campo che recita:

«Nella Pampa sconfinata, dove le pistole dettano legge, il Caballero misterioso cerca la bellissima donna che ha visto sul giornale. S'ode un grido nella Pampa...».

Dopo questa introduzione inizia l'avventura, diversa per ogni scenetta, ma che giunge sempre allo stesso finale: Caballero trova e salva la sua innamorata, la quale, puntualmente, gli preferisce un altro uomo. Un uomo con il "baffo che conquista" (riferendosi a Paulista). Il dialogo a fine spot è sempre il seguente:

Caballero: Bambina, sei già mia. Chiudi il gas e vieni via.
Carmencita: Pazzo! L'uomo che amo è un uomo molto in vista. È forte, bruno e ha il baffo che conquista!
Caballero: Amore, quell'uom son mì...
Oh, yeh yeh yeh yeh yeh, oh yeh!
Carmencita: Paulista! Amore mio...
Coro: Caffè caffè, caffè Paulista!

I dialoghi nei vari spot sono caratterizzati da un alternarsi di frasi in rima tra i personaggi e la musichetta di accompagnamento. L'inflessione dialettale è ricorrente in diverse situazioni, dando un "tocco di colore" alle scenette in bianco e nero. Come nello spot in cui Caballero si rivolge a un personaggio con un timone dipinto sul petto chiedendogli: «Carmencita sta in paese?». E questi gli risponde con un forte accento: «Non lo so, son genovese».

In un'altra situazione Caballero cerca Carmencita. Quando chiede di lei, un abitante gli rivela che è stata rapita dal malvagio cowboy Gargiulo. Caballero chiede poi indicazioni agli altri abitanti, ma si rivelano essere tutti personaggi omertosi che si rifugiano terrorizzati nelle loro abitazioni: «Che il diavolo vi pigli, siete tutti dei conigli!». Capisce così che per risolvere la situazione ha bisogno di un oggetto che lo protegga e si infila in una botte per usarla come scudo: «Un barile corazzato, mi farà da carro armato». Poi prosegue la ricerca della sua amata, quando incontra la banda di Gargiulo, il quale, parlando, rivela una forte inflessione dialettale siciliana:

Caballero: «Gargiulo!».

Gargiulo: «Sono io. Salutate amore duro».

Inizia poi una sparatoria tra Caballero e la banda dell'antagonista Gargiulo. Caballero ovviamente ha la meglio e, dopo aver fatto fuori tutti i componenti della banda, si libera per ultimo di Gargiulo, facendosi beffe di lui: «Gargiulo, fammi il salto del canguro». E gli spara. Compare poi Carmencita e i due si scambiano il solito dialogo.

A volte gli estrosi personaggi che popolano i paesini della Pampa si prendono gioco del valente Caballero, come nello spot in cui cerca Carmencita dal barbiere, e i clienti fanno insinuazioni del tipo:

Cliente1: «Sarà in cerca di allegria».

Cliente 2: «Ah, ah. Sarà sola o in compagnia?».
Coro: «Dov'è, dov'è... dov'è... la donna?».

Carmencita sbuca fuori imbavagliata e, dopo aver tolto la benda, spiega: «È una banda di falsari. Per vietarmi di parlare mi volevano ammazzare». Allora Caballero risolve la situazione sparando ai furfanti e salvando la sua amata, per svelare come sempre la sua identità solo alla fine della scenetta.

Il dialogo in rima tra i personaggi è una caratteristica delle pubblicità del caffè Paulista e viene utilizzata la rima anche nel codino pubblicitario, quando si elencano le caratteristiche del prodotto:

«Paulista in vuoto. Spinto, il caffè che mi ha convinto»,
«Protetto in lattina, il caffè non si rovina»,
«Lo trovate macinato, tutto tempo risparmiato»,
«In lattina corazzata, Paulista è una cannonata».

Caballero difende la sua bella non solo dai banditi e dai falsari. La difende da ogni tipo di avversità: la salva dall'altalena che ha il motore rotto e non permette a Carmencita di scendere (risolve il problema sparando al motore dell'altalena). La difende al concorso di bellezza al quale partecipa Carmencita. Concorso truccato perché la giuria vota dieci per tutte le partecipanti tranne che per la sua bella, alla quale attribuisce solo un misero due (sotto minaccia di una pistola). Caballero esordisce dicendo: «È un concorso camuffato, c'è qualcuno che ha pagato!». E spara indignato alle palette con i numeri delle votazioni. Esce poi Carmencita, la quale, riconoscente esclama: «Caballero, mi difende... Lei sì che se ne intende!». Il dialogo prosegue come al solito con la trasmutazione di Caballero in Paulista.

Una pubblicità che si discosta leggermente dalla narrazione adottata nei primi *caroselli* è quella in cui Caballero salva Carmencita dal vinaio donnaiolo. Lo spot inizia con la voce fuori campo che recita:

«Dalle insidiose foreste del Brasile, il Caballero misterioso torna dalla bellissima donna che gli ha incendiato il cuore. S'alza un grido all'orizzonte...».

La scenetta prosegue con Caballero che cerca Carmencita. I personaggi parlano sempre in rima, ma questa volta terminano le frasi in *inha* per richiamare la lingua portoghese: «È andata alla cantinha...». Curiosamente il vinaio donnaiolo ha l'accendo romano, e dopo aver fatto delle avance a Carmencita le dice che la terrà prigioniera. Allora arriva Caballero che, ancora una volta, risolve la situazione:

Caballero: «Lascia andare la mia donna!».

Vinaio: «Carmencita è in mio ostaggio, spara pure se hai il coraggio!».

Caballero: «Donnaiolo fuori orario, becca questo lampadario!». (Sparando fa cadere il lampadario in testa al vinaio)

La scenetta finisce in modo diverso rispetto alle altre poiché Caballero non si trasforma in Paulista. Dopo averla salvata chiede a Carmencita: «Qual richiamo di attentata, che ti trovo impacchettata?». Lei risponde: «Io volevo risparmiare...». E Caballero esclama girando su sé stesso e diventando direttamente il barattolo del caffè Paulista: «Olè, Olè, Olè... Fai i conti insieme a me!». Allora compaiono un uomo e una donna, lei seduta con una tazzina in mano e lui con la testa poggiata sulle gambe della ragazza, la quale dice: «Io i conti li so fare e ho scoperto che se aggiungi una lira alla tazzina, ti godi il Paulista. E una lira è proprio poco per un caffè così buono». Dunque, si sponsorizza il: "Paghi di più ma risparmi con un barattolo più grande". Sono state realizzate altre pubblicità con questa struttura che si differenzia dalle prime andate in onda, ma la personificazione dell'eroe rappresentata da Caballero risulta invariata. Caballero è colui che salva la sua amata, e non importa dove lei sia (se in Argentina o in Brasile e perfino a New York), lui arriva ovunque per salvarla. Non sempre si trova davvero in pericolo, ma la missione dell'impavido Caballero è comunque quella di trovarla e portarla via.

Il titolo di questo saggio è *Da Caballero a Clooney*. Clooney è il divo che sponsorizza il caffè Nespresso, linea di caffè in capsule creata dalla Nestlé. Nel quarto capitolo ci si soffermerà maggiormente sulle pubblicità in cui compare Clooney, ma già adesso si può anticipare che in queste pubblicità c'è un rovesciamento del ruolo dell'eroe. Mentre Caballero era colui che risolveva la situazione e, dopo aver affrontato mille peripezie salvava la sua amata rivelandogli di essere Paulista (l'uomo dal baffo che conquista); Clooney, nelle pubblicità della Nespresso o del Martini, è come inesistente. Il telespettatore sa bene che lui è un divo, che è l'eroe, ma nello spot a essere al centro dell'attenzione è il prodotto. Il prodotto pubblicizzato è il vero protagonista, e senza quello anche un divo come Clooney non "vale nulla" perché, anche se è il grande attore George Clooney: «No Martini? No party!».

2.6. Totò e i *caroselli* ormai introvabili

Nell'autunno del 1966 il noto attore napoletano Totò recitò in vari sketch pubblicitari per il prodotto dado Star, che andarono in onda sul programma *Carosello*:
- *Totò cassiere*
- *Totò calzolaio*
- *Totò spazzino*
- *Totò petroliere*
- *Totò proprietario di ristoranti*
- *Totò farmacista*
- *Totò barista*
- *Totò giocatore*
- *Totò elettricista*

Molte delle scenette sopracitate sono andate perdute e avrebbero un grande valore economico se venissero reimmesse sul mercato. Oltre agli sketch appena elencati, nel gennaio del 1967 vennero girati altri sette *caroselli*; furono però rubati ancora prima di andare in onda.

I *caroselli* che si possono ancora vedere sono *Totò cassiere* e *Totò calzolaio*. Solo due su nove mandati in onda e su sedici realizzati, se si contano anche quelli che non sono mai apparsi sul piccolo schermo.

Quando Totò girò le scenette andate in onda sul programma *Carosello* era già un attore conosciuto e affermato. Un po' cinico forse, ma anche molto generoso verso il prossimo, era diventato un'icona per gli italiani. Il personaggio al quale il pubblico era ormai affezionato e il carisma che lo caratterizzava erano una garanzia per la riuscita dello sketch del dado Star.

2.6.1. *Totò cassiere* e *Totò calzolaio*

Nel 1966 Totò girò gli sketch di cui si è parlato nel paragrafo precedente. A volerlo come testimonial del suo prodotto fu la Star, fondata nel 1948 dall'industriale Danilo Fossati.

Nel 1966 viene girato lo spot *Totò cassiere*. Un rapinatore, impersonato da Gino Ravezzini (il quale aveva già lavorato con Totò comparendo in numerosi film con lui) entra in una banca, dove a esercitare la professione del cassiere è Totò. Il dialogo tra i due è molto divertente. Il rapinatore, con fare autoritario, ordina: «Fuori il grano!». E Totò, non rendendosi conto di essere in una situazione pericolosa, risponde: «Ha sbagliato. Eh, sì. Lei deve andare al deposito appresso, dove c'è il deposito del grano». In seguito, la situazione diventa ancora più comica. Il cassiere, quasi affascinato dalla bella pistola che ha in mano il rapinatore, gli dice sfilandogliela dalle mani e puntandogliela distrattamente contro: «Uh, guardi che carina! È sua, questa? Oh, che bella! Mio zio ne aveva proprio una così, ma... questa spara?». Spaventato, il rapinatore si riprende la pistola, e con essa anche il controllo della situazione:

Rapinatore: «Fuori i soldi!».

Cassiere: «E tanto ci voleva per dirlo? Siamo qui apposta per questo! Quanto le occorre?».

Rapinatore: «Ma non lo so... faccia lei».

Cassiere: «Beh, non so... due, tre, quattro, cinque, sei, dieci milioni?».

Rapinatore: «Ma no, tutto, tutto, mi dia tutto!».

Cassiere: «Guardi che in cassa abbiamo solo venti milioni. Oggi siamo rimasti un po' a piedi».

Rapinatore: «Sì, sì, me li dia tutti!».

Totò si dirige verso la cassaforte con tranquillità. Non ricordando il numero del codice, ripete fra sé e sé i possibili numeri. Intanto, il rapinatore inizia a spazientirsi e minaccia di sparare (dando sempre del Lei al cassiere). Anche se lo tiene sotto tiro, le buone maniere a quanto pare vuole preservarle. Quasi isterico, il rapinatore urla: «Insomma, conto fino a tre e poi sparo!». "Tre" era proprio il numero che il cassiere non ricordava e, tutto contento, esclama: «Tre! Ecco, bravo, ha ragione!». In questo punto dello sketch si sentono le risate di sottofondo. Dopo aver contato i venti milioni, il cassiere non consegna subito i soldi al rapinatore perché ritiene che si debbano fare le cose per bene: «Questi non si toccano. C'ha l'assegno? Qualcosa che giustifichi?». A questo punto subentra lo sgomento nel rapinatore:

Rapinatore: «Ma... non ha ancora capito che sono un rapinatore?».

Cassiere: «Ma non mi faccia ridere! Rapinatore! Tutti possiamo dire "io sono rapinatore" poi si va in banca e si prendono i soldi. C'ha un documento di riconoscimento?».

Rapinatore: «No... non ce l'ho».

Cassiere: «E c'è qualcuno che la conosce, non lo so... Lei in questura è conosciuto?».

Rapinatore: «Eh, come no!».

Cassiere: «Allora vada in questura. Di rimpetto c'è la caserma. Lei mi porta due poliziotti che mi assicurano che lei è un rapinatore, e i soldi sono suoi».

Rapinatore: «Senta, io i soldi non li voglio più! Se li tenga!».

Cassiere: «E la rivoltella?».

Rapinatore: «Si tenga anche quella!».

Cassiere: «Grazie, molto gentile! Eh, eh, carina». (Guarda e maneggia la rivoltella). «Questa è proprio come quella di mio zio. E spara pure, eh!».

Quando punta in alto la pistola spara la parola 'fine'. Lo spettacolo è finito e parte la pubblicizzazione del prodotto, con la frase pronunciata da Totò: «Comunque, adesso mi faccio un bel brodo. A prescindere, ma io me lo faccio doppio. È ovvio, no?».

Nel 1967, pochi mesi prima della sua morte, Totò registra lo spot: *Totò calzolaio*. Questo sketch è entrato nella storia della pubblicità italiana. Quando Totò recita la scenetta è quasi completamente cieco, quindi non è in grado di doppiare la propria voce in postproduzione. Per questo l'audio viene registrato in presa diretta.

Lo sketch ha luogo in un seminterrato dove Totò esercita la professione del calzolaio, anche se lo fa in maniera inusuale e poco ortodossa, facendo divertire il pubblico con le decisioni che prende per adempiere al proprio lavoro. Il malcapitato cliente di Totò è interpretato nuovamente dall'attore Gino Ravazzini, il quale si reca dal maldestro ciabattino per farsi risuolare la scarpa. Lo stralunato calzolaio però, non ne combina una giusta: vuole fare l'anestesia per «rendere indolore l'estrazione del tacco vecchio», strappa al cliente l'intera suola della scarpa (calzino compreso) e, dopo essersi alterato per le proteste del poveretto, finisce "l'opera" incollando le scarpe (indossate dall'uomo) al pavimento. Il dialogo prosegue tra l'incredulità mista a sgomento del cliente: «Ma... ma... Non mi posso muovere! Sono rimasto attaccato!», e il divertimento manifestato del calzolaio che spiega l'ovvietà della situazione:

Calzolaio: «Ah, ah, ah. Eh, sì sì. È la colla che fa questi scherzi!».

Cliente: «E io adesso che faccio? È già l'una!».

Calzolaio: «L'una? Ahhh, caro signore mi dispiace ma io sono settentrionale. All'una mangio». (Fa ridere l'affermazione di Totò "io sono settentrionale" pronunciata con una marcata inflessione dialettale napoletana).

Cliente: «E io che faccio qui?».

Calzolaio: «Ci vediamo alle quattro».

Cliente: «Alle quattro? E io sto tre ore qui?».

Calzolaio: «Ehhh, tre ore passano presto! Come la fa lunga! Anzi, me la fa una cortesia? Già che si trova, mi dà un'occhiata al negozio? Sa... non si ma mai, in giro... Eh, eh... a presto!».

Lascia così il poveretto da solo nel seminterrato con le scarpe incollate al pavimento. Poi la telecamera passa a inquadrare Totò che recita la sponsorizzazione del prodotto: «Comunque, adesso mi faccio un bel brodo. A prescindere, ma io me lo faccio doppio. È ovvio, no?». Lo spot termina con una voce fuori campo che elenca le proprietà del prodotto.

Nelle scenette appena descritte non ci sono riferimenti al prodotto pubblicizzato. La scelta di un personaggio così importante per pubblicizzare il dado Star poteva essere un azzardo perché il carisma e la notorietà dell'attore rischiavano di mettere in ombra la pubblicizzazione del prodotto in sé. In effetti, in molti ricordano ancora gli spettacoli di *Totò cassiere* e *Totò calzolaio* mandati in onda in *Carosello*, ma sono pochi coloro che li collegano subito al prodotto Star. Il punto è che si tratta di veri e propri cortometraggi che non hanno un filo conduttore con il prodotto. Gli spettacoli si sganciano totalmente dall'oggetto pubblicizzato. A differenza delle scenette con il Signor Veneranda, il quale incontra persone che lo trattano male e si consola con un bel bicchierino di Brandy Stock, negli spettacoli recitati da Totò non c'è un diretto collegamento tra la storia raccontata e il prodotto. Non c'è motivo per cui il cassiere o il calzolaio dovrebbero farsi un brodo doppio, mentre per il Signor Veneranda il Brandy Stock è utile, perché grazie a esso gli diventano tutti amici. Calimero da sporco torna bianco grazie al prodotto della Mira Lanza e per l'Omino coi baffi della Bialetti tutto è difficile, ma non farsi un caffè grazie alla caffettiera Moka Express.

2.7. Agostino Lagostina, alias, Mr. Linea

La Linea è un personaggio ideato dal disegnatore Osvaldo Cavandoli nel 1969. Questo cartone animato, chiamato Mr. Linea, è all'avanguardia e molto originale, poiché si discosta da tutti i disegni creati fino a quel momento. Cavandoli propose il suo personaggio a varie agenzie pubblicitarie che si occupavano della realizzazione dei filmati per *Carosello* e trovò consensi da parte di Emilio Lagostina, titolare dell'industria delle pentole a pressione Lagostina. Mr. Linea divenne così il protagonista delle pubblicità realizzate per l'azienda di pentole Lagostina, diventando il testimonial del prodotto. Inizialmente al personaggio venne dato il nome di Agostino Lagostina, ma questo fu cambiato dopo la prima serie di *caroselli*.

Lo stile del cartone animato è minimalista. Si tratta di un'unica linea che, disegnata durante il corso della pubblicità, prende la forma del personaggio irascibile protagonista di tutti gli spot. La voce, onomatopeica e dal vago accento milanese, è quella di Giancarlo Bonomi, mentre la colonna sonora che fa da sfondo alle scenette è un arrangiamento jazz di *Io cerco la Titina*.

Questo personaggio piacque subito al pubblico poiché, abituato ai soliti *caroselli*, ne rimase affascinato.

Dato il successo riscosso nel programma *Carosello*, Cavandoli produsse più di duecento corti di animazione con Mr. Linea come protagonista, che ebbero successo all'estero (specialmente in Germania), ma non in Italia; poiché la RAI, per timore di fare pubblicità indiretta alle pentole a pressione Lagostina, decise di non trasmetterli. Il motivo del successo oltre i confini italiani è dovuto anche alla facile comprensione delle scenette, che non necessitano doppiaggio. Sullo sfondo vengono posti dei colori che suggeriscono lo stato emotivo del personaggio. Inoltre, le imprecazioni divertenti di Mr. Linea sono pronunciate in un linguaggio incomprensibile al pubblico, anche se è possibile riconoscere alcune espressioni del dialetto tipico lombardo. La parlata di Mr. Linea è una sorta di Grammelot, ossia uno strumento recitativo che unisce suoni, onomatopee, parole e foni privi di significato in un discorso di senso compiuto. Il linguaggio pubblicitario punta tutto sulle immagini visive. La musica e le buffe sfuriate di Mr. Linea sono sempre presenti, ma a fare da "padrona" è la matita usata da un disegnatore di cui si può scorgere solo la mano. La matita decide come sarà il corso della storia e risolve i numerosi problemi che trova Mr. Linea durante la sua passeggiata lungo una linea virtualmente infinita del quale lui stesso fa parte.

2.7.1. Le divertenti passeggiate di Mr. Linea

Lo spettatore segue divertito lo svolgersi dello spot che si sviluppa progressivamente con la matita che disegna ogni oggetto nel corso della puntata stessa.

Le scenette iniziano con una voce che intona: «Lui cerca La La La La...» sulle note della canzone *Io cerco la Titina*, giocando quindi con le parole: "Lui cerca Lagostina" al posto di "Io cerco la Titina". La musichetta di soffondo accompagna il personaggio di Mr. Linea; il quale, lungo la sua passeggiata incontra molti ostacoli. Seppur brontolando e imprecando, grazie all'aiuto della matita impugnata dal disegnatore che riproduce oggetti utili a risolvere i problemi, Mr. Linea riesce sempre a cavarsela. Qualche volta il disegnatore fa comparire oggetti che mettono ulteriormente in difficoltà Mr. Linea, creando situazioni buffe e facendo arrabbiare il personaggio che sbotta su colori di sfondo diversi per ogni emozione che prova (come quando a Mr. Linea si ferma la macchina e il disegnatore crea una pompa di benzina vuota, così il personaggio si infuria ancora di più). Dopo aver affrontato leoni, aver perso i denti andando a sbattere contro un masso ed essere stato schiacciato da un piede gigante, Mr. Linea si dispera perché non trova ciò che cerca. Così la mano del disegnatore attira la sua attenzione e poi si sente una voce chiedere: «Ehi, ma si può sapere cosa cerchi?». A questo punto parte la canzoncina che intona:

«Lui cerca Lagostina,
tu ru ru ru ru ru ru,
la cerca e qui la trova».

Mentre la canzoncina recita le parole sopracitate, la mano disegna intorno a Mr. Linea il marchio delle pentole a Pressione Lagostina (una casa) e Mr. Linea saltella molto contento per aver trovato finalmente ciò che cercava dopo la sua estenuante camminata. Nel codino pubblicitario vengono elencate le caratteristiche del prodotto con una voce fuori campo e le immagini delle pentole e dei piatti che si possono preparare grazie all'utilizzo delle pentole Lagostina.

Le scenette seguono tutte lo stesso plot narrativo: la canzoncina accompagna Mr. Linea, il quale ogni volta affronta ostacoli diversi per trovare qualcosa (le pentole Lagostina). Durante il percorso per superare gli ostacoli ha bisogno dell'aiuto del disegnatore, verso il quale si rivolge direttamente nel suo linguaggio incomprensibile e gli fa capire di cosa necessita per proseguire lungo la Linea. Quando inizia a disperarsi, la mano del disegnatore picchetta sulla schiena di Mr. Linea e gli chiede cosa cerca; poi parte la canzoncina che svela il marchio del prodotto. Infine, nel codino pubblicitario, si elencano le qualità dell'oggetto pubblicizzato. Come si è detto, a essere innovativo è il tipo di animazione, poiché non assomiglia a nessuno dei generi esistenti. Le scenette divertenti, il caratteraccio di questo personaggio dal naso prominente e dal vago accento milanese, creano ilarità nello spettatore.

2.8. "Una famiglia alla Mulino Bianco"

Nel 1976, un anno prima della fine di *Carosello*, prende il via la campagna del Mulino Bianco, marchio di prodotti da forno di proprietà della Barilla. Il marchio è nato nel 1975, ma solo nel

1976 viene lanciato il primo spot nel programma *Carosello*. Ciò che le pubblicità del Mulino Bianco vogliono evidenziare è un "ritorno alle cose buone di una volta". Come sfondo c'è un arcaico mondo contadino e le storie sono semplici, con la famiglia che fa da perno e attorno alla quale tutto ruota. È così che si aprono i primi spot bucolici che dureranno un decennio. C'è un ritorno a ciò che è semplice e salutare. Non a caso ci stiamo avvicinando agli anni Ottanta, anni in cui, come si è detto nel primo capitolo, c'è un ritorno alla quotidianità e ai buoni sentimenti. In questi anni la strategia comunicativa del Mulino Bianco si costruisce basandosi sui bisogni degli italiani in quel preciso momento. Gli italiani, alla fine degli anni Settanta inizio anni Ottanta, desiderano tornare al passato, agli ingredienti naturali e genuini. Con la tecnologia che inizia ad avanzare e a invadere la sfera privata delle persone, quello di cui ha bisogno lo spettatore è sentirsi rassicurato. Ed è questo che vuole fare la pubblicità del Mulino Bianco: creare un ambiente accogliente, rassicurante... di casa. Un ambiente dove le famiglie sono felici, ispirate da buoni sentimenti e dove è possibile trovare i biscotti buoni come quelli che faceva la nonna. La frase "Una famiglia alla mulino bianco" è ancora presente nel linguaggio della gente. Sta a indicare una famiglia perfetta, felice e sempre sorridente. Una famiglia che vive in armonia in un ambiente che trasmette serenità.

Il logo del Mulino Bianco è la combinazione di tre elementi: le spighe e i fiori (che simboleggiano la naturalità), il piccolo mulino (che indica la tradizione) e la dicitura "Mulino Bianco" sintesi di natura e tradizione, di purezza e salute. Il marchio fu ideato nel 1975 dal grafico Giò Rossi. Il suo scopo era rimandare alle buone cose di una volta. Genuinità è la parola chiave delle pubblicità del Mulino Bianco. La confezione "a sacchetto" all'interno della quale c'erano i biscotti richiamava i sacchetti dei fornai, e questa particolare scelta piacque molto ai consumatori.

2.8.1. I primi spot del Mulino Bianco del marchio Barilla

Per la prima pubblicità del Mulino Bianco era stata chiamata la grande cantante jazz statunitense Ella Fitzgerald. La cantante si ammalò; così, al suo posto si decise di mandare in onda le "filastrocche", accompagnate dal motivo musicale di Franco Godi. Il flauto e l'accompagnamento con la chitarra sarà la musica che avrà successo nelle pubblicità del Mulino Bianco dal 1976 al 1987. Siccome per la pubblicità di lancio del Mulino Bianco non era possibile contare sulla Fitzgerald, la campagna di lancio dei biscotti è quella di una mamma che recita vecchie filastrocche alla propria bambina. La bambina, che indossa un grande cappello e tiene in mano dei fiorellini, prosegue la filastrocca dimostrando di voler tenere viva la tradizione:

Bambina: «Dai, mamma, dimmi quella filastrocca che dicevi da bambina».
Mamma: «Allora, io dicevo così: Stamane ero stanco, mi misi sopra il banco. Il banco era rotto...», inizia a recitare la filastrocca e prosegue la figlia.
Bambina: «...sotto c'era il pozzo. Il pozzo era cupo, sotto c'era il lupo. Il lupo era vecchio, stava sempre a letto. Il letto era disfatto, sotto c'era un gatto. Il gatto in camicia scoppiava dalle risa, mentre i topi sul muro suonavano il tamburo. La mucca nella

stalla suonava la chitarra». La bambina qui ha un attimo di esitazione e poi prosegue (l'imperfezione nella recita della bambina mette in risalto la sua innocenza e vuole dimostrare che non c'è nulla di artefatto, di costruito. È la genuinità a emergere, come quella dei biscotti del Mulino Bianco, per l'appunto). «I buoi per le vie dicevan: "mamma mia, mamma mia", bissi bissi... è cent'anni che lo dissi». Poi l'immagine si sposta sulla mamma che prosegue.

Mamma: «Lo dissi in un cantuccio, mi levai il cappelluccio. In terra c'era mollo, mi ruppi l'osso del collo...».

A questo punto inizia il codino pubblicitario con un primo piano sui biscotti del Mulino Bianco adagiati su un tavolo insieme a delle spighe di grano e una voce fuori campo recita:

«Ti ricordi quei buoni biscotti che sapevano di burro? Di latte, di grano. Domattina cercali al Mulino Bianco».

La ripresa si sposta poi sul sacchetto contenente i biscotti, sempre appoggiato su un piano insieme a delle spighe di grano. La voce prosegue:

«Biscotti del Mulino Bianco. Fatti con ingredienti semplici, genuini, gustosi. Mangia sano. Torna alla natura con i biscotti del Mulino Bianco Barilla».

La voce fuori campo è calma. Scandisce bene ogni parola e ha un tono rassicurante, che quasi avvolge lo spettatore. Inoltre, a trasmettere un senso di quiete è anche la musica di sottofondo di Godi che accompagna la promozione del prodotto. Mentre recita le parole "ingredienti semplici, genuini, gustosi", la telecamera inquadra il latte che viene mescolato a mano in un grande recipiente. La frase "Torna alla natura con i biscotti del Mulino

Bianco" rappresenta la strategia pubblicitaria vincente del marchio del prodotto.

Un altro spot del Mulino Bianco mandato in onda per il programma *Carosello* è quello del 1977, in cui i protagonisti dello spot sono padre e figlio. La pubblicità inizia con il flauto di Godi che fa da sottofondo a una voce fuori campo che recita:

«Quando i mulini erano bianchi...».

La ripresa si sposta poi su un bambino dallo sguardo imbronciato che esce nel giardino con una tazza in mano e osserva il padre mentre sella il cavallo. Dopo aver posato la tazza e aver indossato un maglione, il bambino continua a guardare speranzoso il padre; il quale, una volta finito di montare la sella fa cenno al figlio di unirsi a lui. Il bambino, tutto contento corre verso il papà, e l'immagine rallenta riprendendo da vicino la mano del padre che prende quella del figlio per aiutarlo a salire in groppa al cavallo. La pubblicità termina con padre e figlio che sorridenti vanno a cavallo insieme. Durante tutta la scenetta non c'è dialogo ma solo la musica di accompagnamento alle immagini. A comunicare sono i volti dei due attori e le riprese sulle loro espressioni e sulle loro mani che si uniscono. La voce fuori campo torna alla fine della pubblicità, proseguendo la frase pronunciata all'inizio dello spot:

«Quando i mulini erano bianchi i biscotti sapevano di latte e di grano. Biscotti del Mulino Bianco. Tutti fragranti e gustosi. Mangia sano. Torna alla natura con i biscotti del Mulino Bianco Barilla».

La ripresa, come nello spot del 1976, è sui biscotti adagiati insieme alle spighe di grano e ancora una volta lo slogan "Torna alla natura con i biscotti del Mulino Bianco" è la frase chiave della pubblicità.

Gli spot del Mulino Bianco sono stati mandati in onda durante gli ultimi due anni di *Carosello*. Dalla prima pubblicità ideata per questo programma il linguaggio pubblicitario è cambiato molto. In vent'anni di storia pubblicitaria a far parte del mondo di *Carosello* sono stati moltissimi personaggi (animati e non). Purtroppo, risulta impossibile dedicarsi a ognuno di essi, per questo ne sono stati presi in esame solo alcuni, nel tentativo di fornire un esempio di ogni genere apparso: dagli sketch con attori comici come Erminio Macario e Totò, ai personaggi di animazione come L'Omino coi baffi, Calimero e Caballero. Ma anche al pupazzo Topo Gigio e al curioso e singolare Mr. Linea. Per arrivare infine alla famiglia perfetta del Mulino Bianco. Insomma, un ventaglio di protagonisti eterogeneo che nel corso degli anni ha fatto parte di un programma unico, ideato solamente in Italia.

Come si è già detto, *Carosello* è stato uno spettacolo "Tutto all'italiana".

PARTE TERZA

I dinamici anni Ottanta

CAPITOLO 3

Gli anni Ottanta sono stati rivoluzionari per il mondo della pubblicità italiana. Il media televisivo è stato uno degli elementi principali di questo cambiamento. Con la "morte" di *Carosello* nel 1977, divenuto da un lato troppo costoso per le imprese e dall'altro troppo limitato per le esigenze comunicative, la pubblicità cambia volto. L'arrivo del colore apre una finestra dinamica per il linguaggio pubblicitario, e la nascita della TV commerciale porta con sé nuove possibilità per l'espressione creativa dei pubblicitari, che vedono cadere i paletti posti fino a quel momento dalle rigide regole della RAI.

Con la crescita degli investimenti pubblicitari si assiste a una progressiva osmosi tra televisione e pubblicità. A entrare nel mondo pubblicitario in questo periodo sono anche grandi registi cinematografici come Martin Scorsese, Woody Allen e Federico Fellini.

In Italia, la strada che prende la pubblicità, come si è anticipato nel primo capitolo, è la serialità. La serialità riesce a fidelizzare i consumatori che vogliono sapere come prosegue l'avventura dei protagonisti di queste vere e proprie saghe pubblicitarie che vengono realizzate.

Si affermano in questo periodo pubblicitari come Marco Mignani e Gavino Sanna, ma anche nuovi autori entrano a far parte del circuito pubblicitario, attuando un vero e proprio ricambio generazionale. Per citarne alcuni: Enzo Baldoni, Sandro Baldoni, Pasquale Barbella, Aldo Biasi, Maurizio D'Adda, Paolo Del Bravo, Franco Moretti, Dario Diaz, Lele Panzeri, Pino Pilla, Milka Pogliani e Anna Scotti.

Negli anni Ottanta, a fare da protagonista sarà anche la grande marca, e il linguaggio adottato dai pubblicitari giocherà su molte componenti: sui giochi di parole, sull'utilizzo del linguaggio alto dell'italiano, su immagini simboliche e molto altro ancora.

In questo capitolo si prendono in considerazione alcuni degli spot che sono entrati a far parte della storia della pubblicità degli anni Ottanta. Anni frizzanti, anni gloriosi; anni che rispecchiano una società che stava cambiando e che la pubblicità descrive chiaramente con il suo nuovo linguaggio, ricercato e rinnovato completamente. Una società che attraversa cambiamenti elettrizzanti, anche riguardanti la sfera sessuale.

I cambiamenti in campo pubblicitario messi in atto nella nuova epoca riguardano, oltre il colore, anche la durata delle pubblicità. Mentre gli spot mandati in onda per vent'anni dalla RAI duravano vari minuti, i nuovi filmati diventano di circa trenta/sessanta secondi, e non hanno limiti in merito alla sponsorizzazione del prodotto a inizio spot. A cambiare è proprio il modo di fare pubblicità. L'approccio è diverso perché la strategia pubblicitaria non è più quella di un tempo. Se prima si metteva la pubblicità in un unico contenitore; dopo, la sua presenza è costante durante tutta la programmazione, e ciò che conta è riuscire a trasmettere il messaggio in poco tempo. Colpire il telespettatore senza che questi consideri l'interruzione del programma una seccatura e nient'altro.

L'arrivo del colore, una nuova strategia di vendita e il boom dei consumi. Tutte queste novità non sono altro che il riflesso di una società nuova, anch'essa colorata e più dinamica rispetto a prima.

3.1. Federico Fellini gira il suo primo filmato pubblicitario

Nel 1984 il celebre regista Federico Fellini girò il suo primo spot pubblicitario; quello per la bevanda Campari. Il filmato, intitolato *Che bel paesaggio* durò un minuto e riscosse subito un successo formidabile, al punto tale da far parlare tutto il mondo. Se ne occupò il Financial Times, e il Moma di New York ne richiese i negativi.

Considerato come il primo "spot d'autore" in Italia, per la realizzazione del filmato ci vollero due mesi di lavoro e una troupe di cinquantadue persone. La scenografia venne realizzata dallo scenografo Dante Ferretti e il suo lavoro fu estremamente minuzioso. I modellini dei paesaggi, che normalmente venivano utilizzati alti circa due metri, per questo spot furono di ben sette metri per quattordici; e la Piramide venne ricoperta di specchi, perché in questo modo avrebbe evocato le originali piramidi egizie, studiate e realizzate in maniera tale da poter riflettere la sabbia e rendere visibili le tombe dei faraoni. Fellini, notoriamente contrario agli spot di *Carosello* e al media della televisione, si fece convincere a firmare un messaggio promozionale da Giulio Romieri, presidente della Brwg e specialista in spot famosi.

A seguito del grande successo riscosso dallo spot, Fellini decise di realizzare altre pubblicità: quella per Barilla nel 1985, e in seguito per la Banca di Roma con Paolo Villaggio come protagonista. Anche altri registi girarono film per la pubblicizzazione di prodotti commerciali: Antonioni, Woody Allen e persino Coppola. L'unico che si rifiutò categoricamente di ideare spot pubblicitari fu Nanni Moretti, il quale, pur amando il cioccolato, rifiutò di girare filmati persino per Nutella.

3.1.1. *Che bel paesaggio*.
Realizzato dal regista Federico Fellini

La prima differenza che si può notare rispetto agli spot girati per *Carosello*, a parte il colore, è la durata della pubblicità. Come si è accennato in precedenza, i nuovi filmati sono più corti e la loro osmosi con la programmazione permette di comparire in ogni momento senza che siano confinati in uno spazio apposito.

Il filmato inizia con la ripresa su due personaggi seduti nello scompartimento di un treno. L'uomo, interpretato dall'attore Victor Poletti, è sorridente e indossa abiti stravaganti, forse un po' fuori moda. La donna, dall'espressione quasi scocciata e seduta in una posizione scomposta, è l'attrice Silvia Dionisio. Lui la fissa sorridendo, mentre lei manifesta indifferenza guardando un monotono paesaggio fuori dal finestrino. Una musica di sottofondo accompagna i due attori durante il filmato privo si dialogo. La ragazza prende in mano il telecomando posto davanti a lei e inizia a fare "*zapping* al finestrino", come se avesse davanti un televisore. Questo gesto è simbolico per il periodo, siccome il telecomando era apparso da poco ed era l'oggetto che conferiva potere al telespettatore. Un potere che prima non aveva. Grazie al telecomando si può vedere ciò che si vuole, evitando di alzarsi e senza dover subire una visione passiva dello spettacolo che si ha davanti. Così, la ragazza inizia a fare *zapping*. Dietro al finestrino un po' sporco scorge un paesaggio di dune di sabbia dove troneggiano le piramidi. Intanto, l'uomo continua a sorridere verso di lei, che quasi impettita "cambia canale" su vari paesaggi, tutti diversi gli uni dagli altri. Non sembra però trovare quello che cerca. Ormai arresa, lancia il telecomando davanti a sé e si sdraia ancora più scomposta nel sedile del treno, masticando una gomma americana con la bocca aperta e lo sguardo scocciato. Allora l'uomo, sorridente, prende il telecomando in mano e cambia canale facendo comparire uno scenario italiano: Pisa, con una bottiglia in sovrimpressione, che in un primo momento rimane in ombra. La ragazza si siede composta con lo stupore dipinto sul volto e l'uomo, sempre grazie al telecomando, mette in chiaro la bottiglia, che si scoprirà essere quella del Campari. Finalmente la ragazza è contenta e si volta all'arrivo di una hostess, la quale, con il sorriso sulle labbra e un vassoio in mano, serve la bevanda ai due viaggiatori. Gli attori infine, ora entrambi sorridenti, si voltano verso la telecamera facendo il gesto del brindisi al telespettatore. Solo allora una voce fuori campo recita: «Campari, una favola moderna», mentre la hostess, ripresa con un bel primo piano, fa l'occhiolino alla telecamera.

Filmato privo di dialogo, adotta una strategia comunicativa che punta unicamente sulle immagini e sulle espressioni non verbali degli attori. Il finestrino, utilizzato come se fosse un televisore, fa comprendere l'importanza che si dava al media della TV. Lo strumento del telecomando (usato come una bacchetta in grado di materializzare il desiderio di chi lo maneggia) è simbolico ed evoca la "*zapping* mania" dell'epoca. Con la fine del monopolio della RAI e l'arrivo di vari canali televisivi è lo spettatore a decidere cosa guardare. Questa possibilità di scelta viene attribuita anche ai due attori; i quali, grazie al telecomando, cambiano le immagini su vari scenari e trovano infine esattamente ciò che cercano: il Campari.

3.2. Spot Levi's 501 degli anni Ottanta

Nel 1984 esce uno spot televisivo per i jeans Levi's, marchio fondato dall'imprenditore tedesco Lévi Strauss. Nella pubblicità si vede un giovane ragazzo di bell'aspetto (era il cantante Nick Kamen) che entra in una lavanderia e, con molta tranquillità, si toglie i vestiti per poi sedersi in mutande a leggere il giornale tra gli sguardi increduli delle persone attorno a lui. La musica di sottofondo, perfetta per il filmato che viene rappresentato, è la celebre *I Heard It Through the Grapevine*, canzone soul incisa nel 1968 da Marvin Gaye. La Levi's, prima di questo spot non aveva investito molto nelle pubblicità per il mercato italiano, ma da lì in poi continuò a importare pubblicità provocatorie, che fecero discutere non solo durante gli anni Ottanta, ma anche durante tutti gli anni Novanta.

Lo spot inizia con Kamen che entra nella lavanderia e, appena varca la soglia, la telecamera riprende i jeans che indossa. La ripresa in un primo momento si sofferma sul cavallo del pantalone, in seguito sul volto dell'attore che, levandosi gli occhiali da sole, rivela uno sguardo accattivante. Quando si avvicina a una lavatrice e la riempie di detersivo, si affacciano dei bambini per osservarlo. I ragazzini vengono subito allontanati dalla madre; la quale, avendo già deciso che il giovane merita disapprovazione, lo guarda con severità. Il bel ragazzo inizia poi a spogliarsi sotto lo sguardo di tutti. Le fanciulle sembrano felici per l'inatteso spettacolo e si scambiano gomitate tra risatine di contentezza. Intanto, lo spogliarello continua e la macchina da presa fa un primo piano sui pantaloni che vengono sbottonati. Un chiaro modo per esaltare quanto sta accadendo, mettendo in risalto non solo il prodotto, ma anche l'oggetto sessuale che lo indossa: il corpo maschile. A godersi lo spettacolo è persino una ragazza dall'aria austera, con capelli perfettamente in ordine e occhiali che le conferiscono un aspetto serio e incorruttibile. Dopo essere rimasto in mutande, il ragazzo si siede in mezzo alle persone e legge tranquillamente il giornale. Compare poi la scritta: «Levi's 501. *The original shrink to fit jeans*». Lo spot, della durata di un minuto e dieci secondi, è il chiaro esempio della pubblicità che vuole richiamare quanto stava accadendo negli anni Ottanta in campo sessuale. Cadono i tabù. Come si è detto, la rivoluzione sessuale di quegli anni ha cambiato il modo di affrontare l'argomento della sessualità, e la conseguenza in campo pubblicitario è stata quella di porre al centro di tutto i corpi, sia maschili sia femminili, che vengono usati come perno attorno al quale ruota la strategia comunicativa pubblicitaria e, dunque, le scelte di marketing adottate.

Un'altra pubblicità, sempre della Levi's degli anni Ottanta, è quella in cui a una coppia si rompe l'auto in mezzo a una strada praticamente deserta. A un certo punto arriva un grande pick up guidato da un bel ragazzo che, oltre ai jeans della Levi's, indossa un paio di occhiali da sole. L'aitante giovane va incontro alla coppia sfilandosi gli occhiali e la ragazza gli sorride maliziosa. È già scoccata la scintilla, all'insaputa del fidanzato di lei, vestito da ragionier Filini, dall'aria un po' goffa e l'espressione da tontolone. Il ragazzo sportivo si prodiga allora per aiutare la coppia in panne e, una volta alzato il cofano e valutata la gravità del problema, si rende conto che non c'è altra soluzione se non quella di sfilarsi la cintura, togliersi i pantaloni (sotto lo sguardo per nulla contrariato di lei) e usarli come fune per trainare la macchina della coppia con il suo pick up. I tentativi di impedire alla ragazza di guardare lo spogliarello sono vani per il povero fidanzato occhialuto; anzi, una volta fatto il nodo con i jeans, la fanciulla segue il giovane in mutande sul suo pick up, mentre a rimanere nella macchina lucidata e trainata è il fidanzato rassegnato. Inutili anche i tentativi di quest'ultimo di richiamare l'attenzione quando, a una manovra troppo brusca del giovane seminudo, vi è la conseguente rottura del paraurti del pick up al quale sono legati i Levi's. Il fidanzato sparisce urlando dietro un dosso e la nuova coppia sorride tra sguardi complici. Ecco allora che il messaggio pubblicitario è chiaro: chi indossa vestiti fuori moda e dai colori smorti rimane indietro, chi invece porta i Levi's fa grandi conquiste. Levi's molto resistenti (perché a rompersi non sono i jeans, ma un pezzo del veicolo) e che fanno diventare irresistibile chi li indossa. Una scritta compare alla fine della pubblicità: «*Separates the men from the boys*. Levi's 501».

Entrambi gli spot appena descritti sono privi di dialogo, c'è solo musica, e a essere posto al centro della pubblicità è il corpo maschile. La sessualità viene usata come arma, come mezzo per ottenere ciò che si vuole.

Nella prima pubblicità l'obiettivo è scioccare, far parlare di sé dimostrando che non si temono i giudizi altrui, non c'è la paura di fare ciò che si desidera (forse grazie ai jeans Levi's? A questa inferenza logica arriverà eventualmente lo spettatore). Nella seconda pubblicità lo scopo è quello di rubare la bella fanciulla e attirarla con il sex appeal proprio di un uomo sicuro di sé, che non teme le conseguenze delle sue azioni.

Queste pubblicità sono il chiaro riflesso di una società che sta cambiando, che vuole vedere qualcosa di nuovo sullo schermo televisivo. Il pubblico si è stancato di vedere la massaia che fa il bucato mentre il marito legge il giornale in poltrona. Le caratteristiche del prodotto elencate durante lo spot sono diventate ormai qualcosa di obsoleto, e nelle nuove pubblicità si tende a far parlare più le immagini che gli attori che recitano. Alla conclusione ci deve arrivare lo spettatore. Spettatore che si annoierebbe se in tutti gli spot si descrivessero le qualità dei prodotti reclamizzati senza l'inserimento di questi in un contesto. Magari un contesto un po' piccante, non banale e fuori dagli schemi. Come fuori dai consueti schemi è la pubblicità, sempre della Levi's, del 1987, in cui una coppia si deve separare perché lui si arruola nell'esercito. Quando il giovane saluta la fidanzata dal treno sotto le note di *When a man loves a woman*, le lascia un pacco. Una volta giunta a casa la ragazza scarta il pacchetto lasciatole dal fidanzato, all'interno del quale vi trova una sua foto e un suo paio di jeans. A quel punto li indossa e a fine spot compare la scritta: «*Occasionally available for women*». In questa pubblicità i corpi maschili e femminili in un certo senso si fondono e si confondono. La donna non è più la bambolina che indossa vestiti stretti in vita e dai colori pastello. La donna, grazie ai jeans Levi's, si può vestire non solo in modo simile all'uomo, ma proprio come l'uomo. Con il suo stesso indumento e modello (che non toglie bellezza e femminilità alla ragazza dello spot).

3.3. Big Babol con Daniela Goggi.
"Chewingando in modo gustososo"

Nei primissimi anni Ottanta, precisamente dal 1979 al 1982, andarono in onda una serie di spot per pubblicizzare le gomme americane Big Babol. Vennero chiamate *Bubble gum*, vocabolo importato dal mondo anglosassone ma pronunciato all'italiana. Le pubblicità avevano come protagonista la ballerina e cantante Daniela Goggi, che con il suo bel sorriso intonava il celebre jingle:

"Mastichiamo, mastichiamo, mastichiamo Big-big Babol
e facciamo e facciamo e facciamo big big bum,
il pallone, il più grande, lo fa questo bubble gum!"

Questi spot divennero presto famosi non solo in televisione, ma anche in forma cartacea, dove venivano riproposti nei fumetti per bambini.

Dal 1979 al 1982 furono diversi gli spot che andarono in onda con la Goggi come protagonista. Il primo la vedeva arrivare in mongolfiera e cantare un jingle più lungo rispetto a quello riportato qui sopra; in seguito, la famosa canzoncina fu accorciata per dare spazio alla sponsorizzazione del concorso che dava la possibilità di vincere un viaggio-safari e diecimila "leoni morbidoni". La Goggi, in questo secondo spot, dopo aver cantato il jingle recita:

«Sì, si vince un viaggio tra i leoni, con il Re dei gran palloni! Occhio all'incarto vincente!».

In questa pubblicità c'è un'operazione di marketing che ha lo scopo di convincere il consumatore a comprare più Big Babol possibile, così da aumentare le possibilità di vincere il viaggio o i leoni di peluche. In questo spot la Goggi, sempre sorridente, mentre canta balla anche. Indossa una maglietta smanicata blu e bianca con la scritta Big Babol in rosa, e anche il furgone che guida è blu con la scritta rosa (nonostante i vari nuovi gusti, i colori più rappresentativi di questa celebre gomma da masticare sono appunto il blu e il rosa). Non appena la Goggi finisce di cantare il jingle, si vede un pacchetto di Big Babol gigante con dietro una coda di leone e un gruppo di ragazzini seduti su dei massi in mezzo alla natura. La riproduzione del video vuole richiamare l'Africa e fu girato allo zoo safari di Pombia, vicino a Novara. Lo spot finisce con la Goggi che guida il furgoncino Big Babol con a bordo i bambini che guardano i leoni dai finestrini e salutano gonfiando le gomme da masticare con la bocca (la particolarità di queste gomme era appunto la loro elasticità che permetteva di gonfiarle a dismisura). L'inquadratura si sposta poi su due bambini che giocano con i peluche messi in palio dal concorso, mentre la voce fuori campo della Goggi esclama:

«Venti viaggi-safari in Kenia e diecimila leoni morbidoni!».

L'ultimissima ripresa vede un primo piano dei nuovi gusti delle gomme Big Babol. Lo spot comprime tutto questo in soli trentun secondi; è dunque molto veloce, e la scelta di inserire la promozione del concorso ha portato l'inevitabile conseguenza di accorciare il jingle ideato in precedenza.

Un altro spot che vede la Goggi come testimonial della gomma Big Babol è quello in cui è vestita da majorette e si trova nella città di Babolandia. Questa pubblicità gioca con il linguaggio, inventando parole inesistenti come: 'cewiingando', 'pallonando', 'gustososo', 'morbidoso'. (In questo ricorda un po' i neologismi inventati dal disegnatore satirico Forattini per la Fiat Uno: 'scattosa', 'sciccosa' e 'comodosa').

Lo spot, ambientato a Babolandia, intona la seguente canzoncina:

Goggi: «Chewingando, sugosando, pallonando… Bubble gum…».

Coro bambini: «Big big Babol, big big Babol gum! Big big Babol…».

Goggi: «Gustososo…».

Coro bambini: «Gustososo!».

Goggi: «Morbidoso…».

Coro bambini: «Morbidoso!».

Goggi: «Favoloso…».

Coro bambini: «Favoloso!».

Tutti insieme: «Bubble gum! Big big Babol… Big big Babol Gum! Big big Babol!».

La canzoncina viene cantata dalla Goggi e dai bambini, i quali si trovano in una città che rievoca molto le ambientazioni de *La fabbrica di cioccolato*. A Babolandia tutto è rosa, dai palazzi alle strade, e i bambini saltano felici su oggetti morbidi. I palloncini rosa sono ricorrenti (sia creati dai bambini con la gomma da masticare, sia in giro per la cittadina). La Goggi fa da capogruppo in mezzo a bambini scatenati e tutti contenti di saltare un po' ovunque e di farsi trasportare dai palloncini di Big Babol, ma che seguono comunque la majorette con "lo scettro" in mano, fino ad arrivare sopra un gigantesco pacchetto di Big Babol blu con la scritta rosa.

Lo spot dura trentasette secondi e diventa subito famoso tra i ragazzini, che questa volta cantano il fortunato jingle:

«Gustososo… morbidoso… favoloso… Bubble gum! Big big Babol… Big big Babol gum!».

La pubblicità piace a tal punto che vengono riprodotte delle bambole con le sembianze della Goggi vestita come nella scenetta: con il cappello a cilindro blu e bianco, la maglietta degli stessi colori e gli stivali tutti bianchi. Questa pubblicità è un chiaro esempio di come, giocando con il linguaggio e inventando nuove parole, i pubblicitari volessero imprimere lo slogan nella mente del telespettatore; che in questo caso era principalmente composto da bambini (non a caso il volto sorridente della Goggi che masticava le gomme Big Babol, si trovava anche nei giornalini dei più piccoli). Le qualità del prodotto pubblicizzato vengono cantate curando molto il jingle, che ha lo scopo di rimanere impresso nel pubblico. I colori sono parte fondamentale per la riuscita dello spot e sono proprio questi (il rosa in particolare) che evocano in automatico la gomma da masticare. Ancora oggi molte persone appartenenti alla generazione degli anni Ottanta, al colore blu e rosa associano in automatico la gomma da masticare Big Babol. Parte del successo degli spot si deve inoltre alla simpatia della Goggi, la quale, con il suo sorriso spontaneo e la sua bellezza priva di volgarità, conquistava i bambini e gli adolescenti che seguivano la pubblicità.

3.4. Le saghe pubblicitarie, strategia tipica degli anni Ottanta

Una delle strategie comunicative in campo pubblicitario degli anni Ottanta è stata l'ideazione delle saghe pubblicitarie. Come si è detto nel primo capitolo, le saghe avevano lo scopo di fidelizzare il telespettatore al prodotto attraverso la serialità dei filmati. Il pubblico, affezionandosi ai personaggi, voleva scoprire come proseguiva la storia. Per fare alcuni esempi si può citare la saga del whisky Glen Grant, che fece nascere il personaggio di Michele "l'intenditore", oppure la saga dell'amaro Ramazzotti che lanciò lo slogan «Milano da bere». Slogan che ebbe fortuna grazie al grande successo che Milano aveva sul piano dell'immagine. Altro esempio di saga pubblicitaria riuscita negli anni Ottanta è quella del caffè Lavazza, che aveva come attore protagonista Nino Manfredi e che rimase testimonial della Lavazza dal 1981 al 1992. Ma forse la più significativa di tutto il decennio è stata la lunga serie di spot ideata dal pubblicitario Gavino Sanna per la pasta Barilla. Gli spot ideati da Sanna andarono in onda dal 1985 al 1991.

In questo paragrafo si prendono in esame proprio le saghe pubblicitarie ideate per la multinazionale Barilla. I personaggi sono diversi in ogni filmato, ma il messaggio che trasmette calore e rassicurazione si ripete in ogni spot. A dominare sono i buoni sentimenti e il bisogno di trovarsi in un posto sicuro, familiare. È interessante immergersi nel cuore degli anni Ottanta, perché quello che risultava evidente era proprio il bisogno di sentirsi a casa, in qualunque posto ci si trovasse.

Sono state già prese in considerazione le pubblicità degli anni Settanta del Mulino Bianco, marchio di proprietà della Barilla. La differenza tra le pubblicità del Mulino Bianco degli anni Settanta e quelle degli anni Ottanta della Barilla sta principalmente nel fatto che negli anni Settanta si voleva evidenziare un ritorno all'utilizzo di prodotti genuini, casalinghi; e le pubblicità erano principalmente ambientate in campagna, con la famiglia felice sempre e comunque in primo piano. Negli anni Ottanta invece, le pubblicità per la pasta Barilla volevano far passare il messaggio che, ovunque ci si trovasse, grazie alla pasta Barilla ci si poteva sentire a casa. La frase chiave era appunto: «Dove c'è Barilla c'è casa». La famiglia non smette mai di essere un elemento fondamentale per le pubblicità della Barilla, ma in queste saghe pubblicitarie degli anni Ottanta non sempre le ambientazioni sono casalinghe o bucoliche.

Nello spot intitolato *Treno* del 1985, un uomo scende da un treno e sale su una bella macchina, attraversando la campagna e percorrendo una strada quasi deserta. Quando arriva a casa è in corso una festa (non c'è un ambiente tipico familiare come nelle pubblicità analizzate in precedenza). Durante tutto il filmato non vi sono dialoghi ma unicamente la musica di sottofondo, che accompagna le immagini riprodotte. La sola frase pronunciata è quella fuori campo a fine spot che recita: «Dove c'è Barilla c'è casa».

Stessa cosa per lo spot intitolato *Mosca* del 1989. In questa pubblicità siamo addirittura in una città fredda e innevata, quindi ambiente urbano e clima poco caloroso. Due innamorati, dopo una giornata trascorsa in mezzo alla neve, vanno al ristorante e chiedono anche a gesti, mimando l'oggetto della forchetta con le dita, di poter mangiare la pasta. Il dialogo è assente e alla fine del filmato si sente una voce dire in tono accogliente: «Dove c'è Barilla c'è casa». Dunque, grazie a Barilla, ci si può sentire a casa fuori dalle mura domestiche e fuori dalla nazione di appartenenza.

La musica che accompagnava le pubblicità di questi anni era il brano *Hymne* di Vangelis, il famoso compositore greco. La canzone fu arrangiata dai Press Agency, un gruppo strumentale, e utilizzata negli spot Barilla per molti anni, al punto da venire indelebilmente associata al marchio Barilla.

Anche se si discosta dalle saghe prese in esame, merita di essere menzionato il filmato dal titolo *Alta società*, ideato per i rigatoni Barilla dal regista Federico Fellini nel 1985. In questo spot si vede una coppia vestita in maniera impeccabile, seduta al tavolo di un ristorante molto elegante. Un maître si avvicina, saluta educatamente: «Signora... Dottore...». Ed elenca i piatti raffinati presenti al ristorante. Durante la lettura del menù, la coppia sembra più interessata a scambiarsi sguardi ammiccanti che ad ascoltare. Dopo aver atteso la fine dell'elenco delle varie prelibatezze francesi, con sguardo complice e accattivante la donna esclama: «Rigatoni!». Il cameriere risponde, con fare compiaciuto: «Ah... E noi come un eco rispondiamo: Barilla!». Con l'accompagnamento musicale del violino termina lo spot e una voce fuori campo recita: «Barilla... mi fa sentire sempre al dente». Questo filmato si discosta da quelli sopracitati perché, al di là dell'allusione sessuale, è stato ideato per far passare il messaggio che la pasta Barilla si può mangiare in ogni occasione, in ogni luogo e da persone che ricoprono un qualunque tipo di status sociale. Ma non solo: Fellini con questo filmato vuole creare uno stacco tra la prima parte dello spot e la seconda. Mentre la prima parte della pubblicità è dominata da un'ambientazione quasi surreale, onirica, nella seconda parte del filmato si torna alla realtà; precisamente quando la donna, sempre al centro dell'inquadratura, esclama: «Rigatoni!». È in questo momento che esce fuori la genuinità della pasta Barilla. Si crea come un effetto comico innescato dalla rottura dell'apparente raffinatezza e la genuina spontaneità evocata dal piatto tipicamente italiano.

Quel che è importante far notare è che le pubblicità ideate per la pasta Barilla degli anni Ottanta, non sono tutte legate al concetto di famiglia tradizionale composta da madre, padre e figli.

Ne sono la prova le pubblicità appena descritte. Quella che si analizzerà nel seguente sotto paragrafo invece, è la classica pubblicità che vede la casa come un luogo caldo, sicuro; e la famiglia felice come il tipico consumatore della pasta reclamizzata. Lo spot in questione è quello intitolato *Gattino* del 1986 ed è forse il più noto tra le pubblicità ideate da Gavino Sanna negli anni Ottanta.

3.4.1. *Gattino* per il marchio Barilla. «Dove c'è Barilla c'è casa»

Lo spot, della durata di un minuto, risale al 1986 e riprende la scena di una bambina che esce da scuola durante una giornata di pioggia. Siccome perde il pulmino della scuola, è costretta a tornare a casa a piedi sotto l'acqua battente. L'utilizzo del colore in questo spot è significativo. Agli ambienti e ai simboli rassicuranti sono affiancati colori vivaci: la bambina indossa una mantellina gialla, il pulmino è giallo e così anche il cartello che indica la fermata dello scuola-bus. Alla casa, al simbolo del focolare, vengono accostati colori caldi: il rosso dei pomodori che taglia la mamma, la carta da parati rosa con i fiori disegnati e anche gli abiti stesi da una signora in città sono colorati, perché la donna si trova in un posto al riparo dalle intemperie. A questi colori caldi vengono contrapposti quelli freddi degli esterni. Quando la bambina, sconsolata per aver perso il bus si incammina verso casa, è l'unica nota di colore in un ambiente grigio e dai colori smorti. La piccola attraversa la città camminando in mezzo alle pozzanghere e passando davanti a palazzi grigi (una ripresa da lontano evidenzia molto questo aspetto: si vede una bambina piccola vestita di giallo canarino che cammina attraversando vie grigie, camminando sull'asfalto grigio e lasciandosi alle spalle palazzi grigi). Durante tutto il filmato, le riprese si alternano tra il percorso fatto dalla bambina, e la mamma che cucina e prepara da mangiare in un luogo caldo, asciutto e dai colori che trasmettono calore. La bambina, a un certo punto, mentre prosegue verso casa sorride, la telecamera riprende un bel primo piano del viso della bimba, e subito si sente una voce fuori campo che recita: «Le penne Barilla raccontano ogni giorno, con la tua fantasia, una lunga storia di sapori». La telecamera si sposta per riprendere la pasta che viene buttata in pentola. Poi si torna alla bambina, la quale, camminando sotto la pioggia, trova un gattino inzuppato e abbandonato, e lo mette al sicuro nel suo impermeabile giallo. Dopo questo gesto commuovente, la scena torna nuovamente verso gli interni. Una ripresa da vicino mostra la pasta che viene scolata e disposta in un bel piatto da portata. Poi il marito torna a casa, saluta la moglie e i due controllano preoccupati l'orologio perché la figlia non è ancora rientrata. Guardando dalla finestra la scorgon e le vanno incontro, sollevati nel vederla arrivare. La bambina, sull'uscio della porta, mostra loro il nuovo membro della famiglia: il gattino. I genitori si guardano sorridendo e fanno entrare il piccolo micio, per poi dargli una ciotola di latte. Ecco che tutti sono a casa al sicuro e compare la scritta sullo schermo, accompagnata dalla voce: «Dove c'è Barilla c'è casa».

In questo spot, come del resto anche nello spot *Treno* e *Mosca*, non ci sono dialoghi tra i personaggi. A parlare sono solo le immagini e la musica di accompagnamento che, come per altre pubblicità della Barilla, era il brano *Hymne* di Vangelis.

Il pubblico, vedendo questi filmati, si immedesima nella situazione: dalla coppia innamorata che cena al ristorante fuori casa (*Mosca*), a quella che cena a casa invitando degli amici (*Treno*) alla classica famiglia composta da genitori e figli (*Gattino*). Tutti possono calarsi nei panni dei protagonisti degli spot e, come loro, sentirsi a casa mangiando in compagnia la pasta Barilla.

3.5. La rivoluzione sessuale in ambito pubblicitario

Lo spot della Levi's 501 rappresenta già un valido esempio di come il corpo sia, in quegli anni, diventato protagonista indiscusso di alcune campagne pubblicitarie. La ripresa sul cavallo del pantalone mentre il modello si slaccia i jeans ne è un esempio molto diretto. A pubblicizzare i prodotti non sono più solo attori o uomini posati che sorseggiano un caffè in posizione composta mentre la moglie fa il bucato, ma spesso sono modelli ai quali non viene assegnata alcuna battuta perché sono le immagini a parlare per loro. Negli anni Ottanta però, non è solo il corpo maschile a essere oggetto di attenzione dei pubblicitari che stanno cambiando il linguaggio comunicativo. È anche il corpo femminile (o parti di esso) il nuovo protagonista degli spot pubblicitari dell'epoca. Spot che osano, che provocano e che giocano sia sulle parole con doppio senso sia su immagini molto esplicite, che lasciano ben poco all'immaginazione.

Per fare un esempio si può citare la campagna pubblicitaria degli slip Roberta, che fece parlare molto di sé per via della decisione di creare manifesti pubblicitari nei quali le modelle comparivano solo di schiena, indossando esclusivamente gli slip Roberta. Questi manifesti invasero le città italiane e ancora adesso molti ricordano la lunga treccia bionda della fanciulla girata di schiena; un valido esempio di come sia stata utilizzata una sola parte del corpo femminile per scopi di marketing. Negli anni Ottanta a posare per questi manifesti era la showgirl Patrizia Novarini (in arte Rosa Fumetto). Negli anni Novanta sarà invece Michelle Hunziker il lato B della cartellonistica per l'intimo Roberta. Subentrerà poi la modella spagnola Natalia Bush nel 2006 e nel 2009 la modella serba Nina Seničar.

Esempi di pubblicità in cui si giocava sulle parole a doppio senso sono quelli per i Tessuti Piacenza: «Toccalo, accarezzalo, stringilo. È il piacere infinito». O anche: «Io ce l'ho profumato» per pubblicizzare le Mental.

Furono molte le campagne pubblicitarie che videro donne seducenti e sicure di sé sponsorizzare il prodotto, facendo cadere i tabù presenti prima di quegli anni. È il caso delle donne eleganti che vennero scelte come testimonial per gli spot Campari. La bella bionda dalla pettinatura impeccabile che stringe a sé la bottiglia del Campari ne è un esempio, ma anche la pubblicità con un primo piano dell'attrice e modella Kelly Le Brock, la meravigliosa "Signora in rosso" che diventa testimonial del *brand* nello spot *Campari - It's Fantasy*, diretto da Franco Scepi. In queste pubblicità si vuole dare risalto all'eleganza delle modelle per far diventare il Campari simbolo dell'aperitivo milanese. La donna proposta è sicura di sé, bella e raffinata. Tiene in mano un bicchiere colmo di Campari con ghiaccio. Campari che si beve all'esclusivo *happy hour* dove i partecipanti sono coloro che vogliono affermare il proprio *status symbol* e stare al centro dell'attenzione. In questo caso non si punta sulla sessualità, bensì sulla sensualità ed eleganza propria della donna che beve il Campari.

L'utilizzo del corpo femminile è stato impiegato anche per pubblicizzare grandi marche di intimo e calze da donna. È il caso dell'intimo per La Perla e dei collant per il marchio Golden Lady (prima con la cantante Anna Oxa e poi con l'attrice Kim Basinger come testimonial). È della pubblicità per le calze Golden Lady che ci si occuperà nel prossimo paragrafo. Dal 1988 al 1990 la cantante Anna Oxa ha prestato il suo volto (e la sua voce, per la pubblicità destinata alla TV), per sponsorizzare le calze Golden Lady. La pubblicità era destinata sia al circuito TV, che alla carta stampata che alla cartellonistica. I look della cantante cambiavano ogni volta: bionda, mora, capelli lisci o ricci. Sempre diversa, un po' come le donne che indossano le calze, che sono tutte diverse le une dalle altre, ma che si assomigliano per un unico aspetto fondamentale: essere donne.

In questi anni si assiste, come si è detto, a una nuova rivoluzione sessuale e, oltre agli spot contenenti modelli seminudi che pubblicizzano abbigliamento, nello stesso periodo c'è l'esplosione delle pubblicità sexy al femminile. Questa rivoluzione non è in realtà una vera e propria rottura dei costumi occidentali in fatto di sesso rispetto al passato, ma è più una liberalizzazione dopo un periodo di chiusura nei confronti della sessualità avvenuta tra gli anni Trenta e gli anni Cinquanta. Per comprendere bene quanto appena detto, si farà riferimento a una mostra indetta dall'Archivio Storico della pubblicità e allestita a Genova presso la Loggia della Mercanzia dal 5 aprile al 14 giugno 2014. La mostra, chiamata *Cambi di costume*, fa comprendere come sia cambiata la società nel corso degli anni attraverso una serie di manifesti pubblicitari e foto d'epoca raffiguranti la vita balneare degli italiani; ma non solo: gli stessi costumi indossati negli anni passati sono stati esposti, permettendo al visitatore di vedere da vicino il cambiamento avvenuto nel corso del tempo. Cambiamento nell'abbigliamento, perché a cambiare è stata la società stessa e, di riflesso, è cambiata con lei anche la pubblicità.

A cambiare in maniera significativa è in particolare il costume femminile, che con il trascorrere degli anni si assottiglia, mostrando sempre di più il corpo della donna, per lasciare ben poco all'immaginazione con l'arrivo della moda del topless. Attraverso il cambio di costume balneare vero e proprio si comprende come la società abbia cambiato costume nel senso morale del termine.

Nei primi del Novecento, la donna porta il busto in vacanza, ma la spiaggia è ancora un luogo da non frequentare e l'umanità è pallida, siccome l'abbronzatura viene considerata un qualcosa da evitare perché propria delle classi inferiori lavoratrici. La donna si libererà del busto solo negli anni Venti, quando andrà di moda il costume di maglia (completo da bagno in maglia elasticizzata costituito da un pezzo unico).

Negli anni Trenta, il fascismo elogia la bellezza e la prestanza fisica. In questi anni vengono organizzate le prime elezioni di reginette, e al turismo balneare verrà dedicata sempre più pubblicità. La rigorosa suddivisione dei sessi negli stabilimenti balneari si attenua, i costumi femminili da spiaggia si riducono e iniziano ad arrivare i costumi con la scollatura nella schiena. In questo periodo l'abbronzatura viene ancora considerata una volgarità, così iniziano a dilagare pubblicità per proteggersi dal sole come quello di Diadermina che: "Evita rossori, bruciori, scottature da sole" o Leocrema: "Con il sole o con la pioggia".

I costumi iniziano sì a ridursi, ma sono ancora interi. Il bikini nascerà solo nel 1946, inventato dall'ingegnere francese Louis Réard; il quale, nel tempo libero aiutava la madre nell'azienda di famiglia specializzata in biancheria intima. Il nome 'bikini' è stato scelto prendendo spunto dal nome dell'atollo del Pacifico dove gli americani svolgevano i primi test nucleari. Bikini vuole rievocare proprio gli effetti esplosivi nell'indossarlo, ma senza conseguenze infelici. Infatti, le frasi che verranno pubblicate nei giornali con le fotografie delle prime modelle in due pezzi recitano: «Ecco le bombe del sesso. Le nuove bombe che non uccidono. Portano seduzione e amore».

Negli anni Cinquanta si inventano nuove stoffe, leggere e che si asciugano in fretta, e l'abbigliamento del nuoto ormai comprende il bikini (sdoganato definitivamente da Brigitte Bardot che nel 1956 indossa il primo due pezzi del cinema europeo nel film *E Dio creò la donna*, di Roger Vadim).

Gli anni Sessanta sono gli anni del boom economico e sulle spiagge si ascoltano canzoni di Edoardo Vianello come: *Pinne, fucile ed occhiali*, *Stessa spiaggia stesso mare* e *Abbronzatissima*. I costumi diventano sempre più sgambati sui fianchi e molto aderenti grazie a una nuova fibra: la Lycra, che riesce a dare comfort e resistenza, oltre a una perfetta vestibilità[1].

Nel 1964 lo stilista austriaco Rudi Gernreich inventa il monokini: si tratta di un semplice slip che arriva al punto vita con attaccate due bretelle che lasciano scoperto il seno. Ecco che la donna rimane sempre più nuda, sempre più "libera". Da questo momento in poi le donne saranno non solo sempre più scoperte,

---

[1]Fonte: Informazioni ottenute in data 06/06/2014 presso la mostra *Cambi di costume*, evento prodotto dall'Archivio storico della pubblicità e promosso dal Comune di Genova e Musei di Genova

ma le loro parti del corpo (talvolta totalmente nude), saranno utilizzate per pubblicizzare i vari prodotti.

Grazie a questa mostra e ai manifesti pubblicitari esposti, si può comprendere come la società sia cambiata nel corso degli anni e, ancora una volta, viene dimostrato che la pubblicità può sì suggerire cosa indossare e influenzare l'opinione pubblica, ma in realtà segue un flusso già esistente. I costumi si fanno sempre più invisibili perché è la cultura sociale a essere cambiata sensibilmente nel corso degli anni. Se negli anni Venti/Trenta era impensabile ritrarre una donna in topless o con un tanga, nel nuovo millennio è invece diventato normale vedere manifesti con donne seminude o totalmente nude. Avviene una progressiva accettazione della nudità che non solo non è più un tabù, ma ormai non desta più alcun imbarazzo o sconvolgimento.

Per tornare agli anni Ottanta, periodo analizzato in questo capitolo, sono stati vari i manifesti in cui al prodotto veniva affiancato il corpo femminile seducente e attraente. Ne è un esempio il manifesto *Aperol* di Ted Bates datato 1985 che ritrae i bagnanti sopra ogni lettera di APEROL. Essi sono distesi su materassini (o gommoni nel caso della 'o'). Le donne indossano bikini molto ridotti; una in particolare è sdraiata di schiena, non ha la parte superiore del costume e la parte inferiore è costituita da un tanga.

La mostra di cui si è appena parlato permette di farsi un'idea di cosa ha portato la rivoluzione sessuale: cadono i tabù, diminuiscono le inibizioni e la donna assume un ruolo ben diverso da quello a cui si era abituata. Da donnina di casa che indossa vestiti lunghi e coprenti, "vittima" di lusinghe da parte degli uomini, a donna disinvolta che con la sua minigonna e tacchi alti si prende la libertà di "fare lei la provolona". A conferma di quanto appena detto, ci sono varie pubblicità che vedono la donna nel suo nuovo ruolo di pantera sexy e intraprendente. Una di queste è quella già menzionata per le calze Golden Lady con la cantante Anna Oxa come testimonial. Nota per la sua trasgressività, promuove il prodotto sfoggiando un sorriso spontaneo e gambe da urlo.

3.5.1. «Golden Lady... come te!». Quando il ruolo uomo/donna si inverte

In questo spot, della durata di trentadue secondi, Anna Oxa intona la canzone che recita le seguenti parole:

«Donne con fantasia,
Golden Lady,
Donne che sorridono...
Donne che giocano...
dolce mistero...
Donne che sorprendono... donne...
COME TE!
Golden Lady...».

Appena finisce la canzone, una voce di uomo fuori campo esclama: «Collant Golden Lady!». Poi l'inquadratura fa un primo piano della cantante sorridente che recita lo slogan: «Golden Lady, come te!».

Durante lo spot si vede Anna Oxa in una casa davanti a uno schermo della televisione, all'interno del quale vengono trasmesse immagini di donne che compiono varie azioni quotidiane. La pubblicità si alterna tra le riprese con Anna Oxa che cantando si muove per la casa, e le immagini delle ragazze in televisione. Il paradosso sta nel vedere la diva in casa e le donne che vivono la quotidianità di ogni giorno in sovrimpressione sullo schermo.

A ogni frase della canzone è associata un'immagine in particolare. Per esempio, quando la Oxa canta: «Donne con fantasia, donne che sorridono» in TV si vede una giovane donna, alla quale, salendo le scale si rompe la borsa della spesa e cade tutto a terra, ma nonostante questo la ragazza sorride. Le calze Golden Lady sono sempre presenti, sia in una ripresa all'interno del loro contenitore, sia indosso alle ragazze dello spot; le quali, (Anna Oxa compresa) indossano gonne corte e tacchi alti per valorizzare le gambe e, di conseguenza, le calze.

Alla frase cantata dalla Oxa: «Donne che giocano» si vedono due donne che spingono una macchina in mezzo alla strada perché sono rimaste a piedi. Per spingere la vettura, le donne assumono una posizione che invita gli uomini a guardarle. Mentre spingono la macchina indossando le calze Golden Lady, gli uomini a bordo di altre auto le ammirano (ma le gambe li distraggono al punto tale da far dimenticare loro di porgere aiuto alle fanciulle).

Infine, l'immagine probabilmente più simbolica è quella che accompagna la frase: «Donne che sorprendono». In questo momento dello spot si vede una donna che palpeggia il sedere di un uomo chinato per tirare su una valigia. Questo gesto racchiude un significato più profondo del mero atto in sé. Facendo vedere la scena di una donna che palpeggia l'uomo, si dimostra che c'è un rovesciamento dei ruoli. La donna non è più la sola a essere oggetto delle attenzioni sfacciate degli uomini. Con la rivoluzione sessuale anche la donna compie gesti che strumentalizzano il corpo dell'uomo trattandolo come un oggetto.

La pubblicità vuole anche evidenziare che le donne del video sono le donne di tutti i giorni, non sono solo alcune che si prendono la libertà di cambiare le carte in tavola. Sono appunto donne "Come te". C'è un invito a indossare le calze con sicurezza, a osare, perché ogni donna può prendere in mano la situazione ed essere sexy, sfrontata e sicura di sé.

Per fare brevemente il punto di quanto è avvenuto in questo decennio, si può dire che una volta lasciata alle spalle la crisi petrolifera degli anni Settanta, in Italia sono iniziati i cambiamenti. Uscendo dalla stagnazione economica dovuta alla crisi industriale, si iniziano a vivere grandi evoluzioni culturali. Evoluzioni e cambiamenti che si rispecchiano anche nel mondo pubblicitario. Le principali novità di questi anni si possono sintetizzare in questi pochi ma significativi punti:

- Spot pubblicitari ideati da grandi registi del cinema (definiti come spot d'autore)
- Realizzazione di saghe pubblicitarie volte alla fidelizzazione dello spettatore
- Rivoluzione sessuale sia maschile sia femminile

Per questo motivo sono state scelte alcune pubblicità che rispecchiassero una società che voleva qualcosa di nuovo, di più audace. I film realizzati da Fellini sono la prova che il pubblico era diventato esigente, voleva di più per rimanere soddisfatto. Le saghe pubblicitarie (in particolare quelle ideate da Sanna) avevano lo scopo di entrare nel cuore del pubblico, che si sarebbe affezionato ai personaggi e al tipo di filmato realizzato e, di conseguenza, anche al prodotto sponsorizzato. La scelta di giocare con la lingua italiana in alcuni spot pubblicitari, dimostra che si cercava un linguaggio nuovo e divertente, che provocasse ilarità nello spettatore. Un esempio è appunto lo spot della gomma da masticare Big Babol con la Goggi che la definisce 'morbidosa' e 'gustososa'. Infine, la scelta di due "pubblicità simbolo" della rivoluzione sessuale, fa comprendere il grande cambiamento avvenuto nel corso degli anni. Infatti, le pubblicità per i jeans Levi's che si sono prese in esame nel paragrafo 3.2. e quella appena analizzata per le calze Golden Lady, fanno comprendere come negli anni Ottanta il corpo sia diventato per entrambi i sessi un protagonista centrale nel mondo pubblicitario.

Il cambiamento così radicale delle pubblicità, altro non è che lo specchio del cambiamento della società stessa. Con la scomparsa di *Carosello*, la pubblicità si inserisce durante i vari programmi, e la scenetta prima della sponsorizzazione vera e propria del prodotto sparisce. Ecco che allora anche il modo in cui i pubblicitari si approcciano alla pubblicità cambia. In poco più di mezzo minuto lo spot deve colpire nel segno, deve comunicare a un pubblico più dinamico, esigente e che vuole vedere qualcosa di nuovo dopo vent'anni di pubblicità che seguiva una strategia ben precisa. Le immagini spesso prendono il posto delle parole (come nelle saghe di Sanna e negli spot della Levi's). L'elenco delle qualità del prodotto pubblicizzato diventa un qualcosa di obsoleto, e alla descrizione delle sue caratteristiche spesso viene preferita una musica coinvolgente che accompagna immagini a effetto. Oppure la descrizione del prodotto viene fatta in modo particolare (come nello spot con la Goggi).

Negli anni Novanta, come si è anticipato nel primo capitolo, le idee in campo pubblicitario sono state sempre meno innovative, e solo alcune sono uscite dall'anonimato.

Scioccare, sorprendere e divertire saranno le tre parole d'ordine della strategia comunicativa pubblicitaria dei decenni a seguire, perché dopo aver visto ogni genere di pubblicità, l'unica strategia vincente sarà quella che non si è ancora vista.

PARTE QUARTA

Il ritorno al passato degli anni Novanta e il rovesciamento del ruolo dell'eroe per i divi del nuovo millennio

CAPITOLO 4

Gli anni Novanta non sono stati anni di grande creatività in campo pubblicitario. Nel primo capitolo sono già stati descritti gli eventi che fecero degli anni Novanta l'epoca con meno innovazioni pubblicitarie. Ricordiamo brevemente che nel 1991 l'inizio della crisi economica in Italia portò il conseguente declino della grande marca. Crisi alla quale reagì per primo il marchio Barilla, che adottò la strategia di abbassare il prezzo dei prodotti e puntò sulla pubblicità per mettere in luce i vantaggi nel comprare un prodotto di qualità evidenziandone le sue caratteristiche. Grazie a queste scelte Barilla riuscì a trovare il modo per non sprofondare. Questa tattica, in un primo momento messa in discussione da altre grandi marche, venne presto imitata, una volta verificata la sua riuscita. Negli anni Novanta si tornò dunque alla scelta di elencare le caratteristiche dei prodotti pubblicizzati (un po' come si faceva nelle prime pubblicità). Ma a indicare un ritorno al passato sono anche le numerose operazioni di rilancio attuate. Per questo motivo tornarono diversi personaggi creati anni prima; come la bionda della birra Peroni, il pulcino Calimero del detersivo Ava, l'uomo in ammollo della Bio Presto, il cowboy Gringo della carne Montana, il salto della staccionata dell'olio Cuore e molti altri.

Oltre alla riproposizione al pubblico dei personaggi di *Carosello*, venne adottato nuovamente anche il linguaggio tipico che lo caratterizzava (sketch divertenti dove ad avere un ruolo rilevante è il dialogo tra i protagonisti del filmato).

Anche la tattica di riprodurre scenette divertenti per poi presentare il prodotto solo a fine spot evoca la struttura dei filmati di *Carosello*. Per fare alcuni esempi si può citare il simpatico condannato a morte Massimo Lopez, il divertente salumiere Cristian De Sica e gli ignari "residenti" del Paradiso Tullio Solenghi e Paolo Bonolis. Le campagne pubblicitarie appena menzionate ebbero grande successo e il pubblico seguiva divertito il procedere della storia affezionandosi ai personaggi che la interpretavano. Tuttavia, seppur con dialoghi ironici e al passo con la comunicazione verbale del tempo, negli anni Novanta si assiste a un ritorno al passato per quanto riguarda le tattiche pubblicitarie. Non a caso l'agenzia più importante che si è occupata delle campagne pubblicitarie degli anni Novanta è stata l'Armando Testa di Torino. Azienda fondata e diretta da Armando Testa, pubblicitario famoso per essere stato uno dei talenti più espressivi dell'epoca di *Carosello*. I personaggi ideati da Testa sono rimasti nella storia della pubblicità italiana e vengono tutt'oggi ricordati con nostalgia. Per citarne alcuni: Caballero e Carmencita per il caffè Paulista (di cui ci si è occupati nel secondo capitolo), il pianeta Papalla per Philco e l'ippopotamo Pippo per la Lines. Tutt'oggi tale agenzia è una delle più importanti in Italia e le redini sono state prese in mano dai figli. L'Agenzia Armando Testa ha proseguito, in diverse campagne pubblicitarie, il cammino intrapreso dal suo fondatore adottando (e reinventando) quel linguaggio tipico di *Carosello*, basato cioè su battute verbali che rimandano agli sketch della comicità tipica italiana.

In un'epoca in cui la pubblicità fa qualche passo indietro ripescando personaggi già conosciuti e adottando strategie pubblicitarie che evocano il passato, alcune campagne pubblicitarie punteranno invece sull'ironia per sorprendere il telespettatore. Ne sono un chiaro esempio gli spot ideati per Martini spumante e per il caffè Nespresso, aventi un Clooney poco considerato dall'universo femminile come protagonista.

Nel presente capitolo ci si occuperà di alcune pubblicità degli anni Novanta e di altre appartenenti al primo decennio del 2000. Siccome il linguaggio pubblicitario non subisce variazioni rilevanti nei due decenni, questi ventiquattro anni di pubblicità sono stati inseriti in un unico capitolo. Solo alcune pubblicità hanno un linguaggio che sorprende e che trova la direzione giusta per riuscire nell'intento di emergere dall'anonimato. Si prenderanno in esame sia le pubblicità che si sono rifatte al passato, proponendo una strategia pubblicitaria che da obsoleta torna a essere "moderna", sia le pubblicità che sono riuscite a turbare.

4.1. Dalla risposta delle marche al pericolo del "2 per 1", all'auto-bolide degli anni Ottanta che prende la fuga

A causa della crisi economica iniziata nel 1991, gli italiani cominciano a fare più attenzione su cosa i prodotti di marca possano offrire in più rispetto ai prodotti meno conosciuti acquistati nei *Discount*. La risposta delle grandi marche è quella di tentare di convincere il consumatore che spendere qualcosina in più per il prodotto pubblicizzato rispetto a quello non di marca, valga effettivamente la pena per via della qualità del prodotto stesso. Ma, vista la situazione economica in cui vivono gli italiani, è anche necessario mettere in evidenza che il rapporto qualità-prezzo è assolutamente onesto, e che anzi, il prodotto costa fin poco rispetto a quanto dovrebbe costare.

Una pubblicità che fa comprendere molto bene quanto appena detto è quella ideata per promuovere il detersivo per lavatrici Dash. Gli spot per Dash in realtà erano iniziati negli anni Sessanta e avevano come protagonista l'attore Paolo Ferrari. La struttura della pubblicità prevedeva già da allora che l'attore fingesse di fare interviste ai passanti, e che al momento del tentativo di scambio del fustino Dash con due di una marca "X" la risposta di ogni intervistato fosse negativa perché voleva rimanere fedele a Dash. Dunque, anche se il cosiddetto "due per uno" è sorto ben prima degli anni Novanta, è in questo decennio che è avvenuto il *boom* delle pubblicità che vogliono mettere in evidenza il risparmio e la convenienza.

Verrà preso ora in considerazione uno spot per Dash degli anni Novanta. La pubblicità inizia con una scritta in sovrimpressione che comunica al telespettatore che c'è una telecamera nascosta. Un uomo si aggira per un supermercato e ferma una signora che ha nel carrello un fustino di Dash per convincerla a scambiare il prodotto scelto con due fustini di una marca "X" che costano meno; hanno infatti sopra la scritta "2 per 1". Il dialogo tra i due si sviluppa in questo modo:

Uomo: «Signora, vedo che ha comprato Dash».
Donna: «Sì».
Uomo: «Io le offro questi due fustini di un altro detersivo e in cambio mi prendo il suo Dash».
Donna: «No, mi dispiace».

Nel tentativo di portare via il detersivo alla donna, questa se lo riprende senza cedere.

Uomo: «Non accetta? Per quale motivo?».

Donna: «Appunto perché mi trovo benissimo. I panni vengono bianchissimi».

Dopo essersi contesi il fustino di Dash, la donna ha la meglio e l'uomo prosegue.

Uomo: «Lei indossa qualcosa lavato con Dash?».

Donna: «Si, questa». Indica la camicetta bianca e pulitissima che indossa. «Io lo trovo fantastico. Cioè che... non lo farei a cambio non nessuno appunto perché mi trovo bene. Pure se non ce n'ho io non lavo... fin quando non compro il Dash».

A questo punto lo spot fa rivedere l'immagine della donna e dell'uomo che si contendono il fustino di Dash e una voce fuori campo esclama: «Visto? Dash non si scambia! Perché più bianco non si può». E intanto la scritta "più bianco non si può" compare in sovrimpressione sullo schermo.

La scelta di fingere un'intervista a persone comuni risulta vincente. Al punto tale che questo tipo di pubblicità per Dash prosegue dagli anni Sessanta fino al primo decennio del 2000. A fare da testimonial al detersivo è il comico Fabio De Luigi. I filmati si svolgono sempre con l'attore che tenta invano di scambiare un detersivo meno costoso ma di qualità inferiore con il detersivo Dash, e le persone si rifiutano perché è meglio comprare il detersivo di marca, date le sue ineguagliabili qualità.

Una significativa pubblicità con Fabio De Luigi come testimonial è quella in cui lui sogna, anzi fa un incubo. Lo spot si intitola *Sogno*, è stato ideato nel 2013 da Saatchi & Saatchi e prodotto da Casta Diva Pictures Milano in occasione del ritorno sugli schermi di RAI1 di Carosello Reloaded (programma ideato per essere l'erede di *Carosello*, altra manovra che indica un voler tornare indietro). Nello spot, De Luigi pronuncia nel sonno: «Dash è perfetto, come fa un testimonial imperfetto come me... inadeguato!». Poi il telespettatore entra nel sogno di De Luigi, il quale si trova in un ambiente totalmente bianco senza nulla intorno, eccetto un uomo di cartone raffigurante Paolo Ferrari: in una mano ha il fustino di Dash e nell'altra il fustino (ormai divenuto storico) "2 per 1" del detersivo sconosciuto. Vedendo la figura di cartone, De Luigi esclama rivolgendosi al pubblico: «Ma quello è Paolo Ferrari! Il grande testimonial Dash! Il "2 per 1" fatto uomo! La testimonianza in terra che Dash esiste! Caro piccolino... tu andavi dalle signore: "Le do due fustini...". E loro: "No no no". Sei unico!». A questo punto compare, seduto su una lavatrice gialla, un Paolo Ferrari anziano che dice: «Grazie». De Luigi, dopo che Ferrari minaccia di sostituirlo come testimonial, si sveglia di soprassalto, trovando la madre lì accanto che gli spiega: «Con Dash non devi sempre esagerare con il detersivo per le macchie difficili. Così risparmi! Dillo! Perché un misurino di Dash smacchia come un misurino e mezzo del principale concorrente. E il risultato è sempre il bianco di Dash!». Lo spot termina con De Luigi e Ferrari che cantano insieme: «Perché noi vogliamo il bianco di Dash!».

La frase pronunciata nello spot: "Un misurino di Dash smacchia come un misurino e mezzo del principale concorrente" è astuta, perché non pronunciando il nome di altri detersivi, non si diffamano i prodotti, e nello stesso tempo il telespettatore fa una comparazione automatica con quello che lui stesso reputa il principale concorrente (che potrebbe essere Omino Bianco, come Dixan, come qualunque altro detersivo).

Questo spot, che ricalca lo stile di *Carosello* per i dialoghi divertenti, è un perfetto esempio di come la pubblicità in quegli anni abbia deciso di fare passi indietro. Non è un caso che *Sogno* faccia parte del programma *Carosello* Reloaded, ideato nel 2013 per dedicare uno spazio agli spot cercando di rigenerare la voglia di fare pubblicità. Il programma ha mantenuto la storica sigla di *Carosello*, rivisitandola solo dal punto di vista grafico.

Un'altra pubblicità di Dash, in questo caso degli anni Novanta, significativa per il ventennio che si sta analizzando, è quella in cui si vuole puntare sul risparmio che il consumatore può fare comprando il prodotto Dash con eco ricarica. Nello spot si vede il fustino di Dash che si trasforma in salvadanaio (simbolo del risparmio) e una voce fuori campo esclama: «Dash ultra-liquido eco ricarica. Più risparmio e tutto il bianco di Dash. È pronta subito e crea meno rifiuti». In questo spot si vuole esaltare non solo la qualità del prodotto, ma anche il vantaggio che offre in termini economici.

Oltre allo spot di Dash, anche quello che pubblicizza il detersivo per i piatti Svelto ha lo stesso obiettivo: convincere il consumatore ad acquistare un prodotto di marca per le sue qualità (qualità che inevitabilmente si pagano). In uno spot si vedono due donne al supermercato. Una dice: «Alla fine il mio amico rimane Svelto». E l'altra esclama: «Eh, sì… con quello che costa!». Allora la prima donna, tenendo in mano il detersivo recita: «Svelto vale più di quello che costa». Le dimostra di aver ragione portandola a casa e dicendo che sarebbe bastato un solo cucchiaio per togliere tutto l'unto che avevano davanti. Vedendo la donna tranquilla all'idea di pulire quel cumulo di stoviglie, l'amica esclama: «Ah, però!». E inizia a convincersi che forse il costo iniziale vale la pena farlo se poi ne serve così poco per pulire tutti quei piatti. La signora che ha acquistato Svelto prosegue: «Perché Svelto è concentrato giusto. Così lascia morbide le mani, ma anche liquida via l'unto! Ancora indecisa?». L'amica risponde sorridendo: «No no. Decisissima! Svelto!».

I due prodotti di cui si è appena parlato sono solo un paio di esempi tra una moltitudine di spot che seguono lo stesso principio. Rispecchiano una società composta da persone che ci pensano due volte prima di comprare un prodotto di marca, e per decidere di farlo devono essere motivate. Devono essere persuase che effettivamente quel detersivo sia migliore di quell'altro, altrimenti sarebbero soldi preziosi gettati via. Ma non basta: si deve convincere il consumatore che il prodotto, anche se ha un costo elevato rispetto agli altri, non è solo di qualità superiore, ma ha anche una durata maggiore rispetto ai concorrenti. La strategia comunicativa punta a inviare questo messaggio al telespettatore:

«Spendi più soldi ma il prodotto non solo vale di più, ti durerà anche per più tempo. Quindi in realtà se fai due calcoli alla fine spendi di meno per un prodotto di qualità nettamente superiore».

Per riuscire a convincere all'acquisto, le marche adottano spesso strategie di marketing che hanno l'obiettivo di convincere il consumatore a restare fedele al prodotto. Visto il periodo di crisi, nel 2012 il detersivo Svelto ha persino indetto un concorso avente in palio la spesa. Comprando un prodotto Svelto era possibile trovare uno dei cinquecento buoni acquisto da 50 € l'uno e partecipare all'estrazione finale con in palio appunto ben vent'anni di spesa (pari a un importo di 112.080 € in gettoni d'oro).

Questo tipo di spot evidenzia marcatamente quanto le pubblicità siano il riflesso della società stessa.

Un'altra pubblicità che cambia, almeno in parte, i punti di forza messi in evidenza del prodotto sponsorizzato, è quella per le automobili. Mentre durante gli anni Ottanta la maggior parte delle pubblicità per le auto puntavano sulla potenza e sulle prestazioni eccezionali della macchina pubblicizzata, durante gli anni Novanta la velocità cede il primo piano al risparmio sui consumi. Non è così in tutti gli spot, ma prendendo in esame una serie di pubblicità di questo genere, è emerso che sono vari gli esempi che si possono fare sul cambiamento di rotta del punto di forza messo in evidenza della macchina in vendita. Un esempio chiave di questo discorso è quello della pubblicità degli anni Ottanta della Citroen Visa Diesel. Lo spot è incentrato su una gara di velocità tra un aeroplano e una Citroen Visa Diesel. Quando la gara inizia, una voce fuori campo recita: «Nuova Citroen Visa Diesel. Motore 1700. Velocità massima 154. Da 0 a 100 in 15.6 secondi». Intanto la macchina supera l'aeroplano lasciando basito il pilota. Una scritta compare sullo schermo: "Citroen Visa Diesel. Incredibile ma Diesel". Questa pubblicità punta tutto sulla potenza e la velocità della vettura, e non sul risparmio.

Un altro spot per auto degli anni Ottanta che vuole mettere in evidenza la potenza e la velocità del mezzo pubblicizzato è quello del 1985, in cui viene ripresa la Uno Turbo che percorre una strada di campagna. La voce fuori campo recita: «Lo sapevo, è tardi, proprio oggi che è il mio giorno! Saranno già tutti lì che aspettano. E io? Che figura ci farò? E pensare che sono il più veloce». La macchina giunge in un autosalone pieno di Fiato Uno Turbo. La pubblicità termina con una voce fuori campo che dice: «Ora c'è anche Uno Turbo. Nessuno è come noi». Questo tipo di pubblicità fa comprendere che il prodotto è destinato a un consumatore che ha la possibilità di badare più alle prestazioni dell'automobile che non al prezzo o ai bassi consumi.

Andando avanti con gli anni le pubblicità si soffermano sempre di più sul lato economico del prodotto. Già nel 1990 lo spot per la Tipo 1400 GT inizia a evidenziare il costo della vettura. Durante la pubblicità si esaltano le prestazioni della macchina e la sua alta tecnologia, ma a fine spot compare in sovrimpressione sullo schermo il prezzo dell'auto e una voce esclama: «16 milioni chiavi in mano». La strategia pubblicitaria ruota ancora intorno alla potenza e alle prestazioni, e non al risparmio sui consumi, ma il costo della macchina inizia a essere messo in primo piano a fine spot.

Puntano invece a porre l'aspetto economico al centro le pubblicità per l'auto UNO Rap del 1992 e per la Fiat Marea del 1998. Nel primo filmato si vedono tanti ragazzi che ballano e cantano rappando intorno alla Fiat Uno Rap. A un certo punto recitano la frase: «Un prezzo che è proprio da fuori UNO rap... sembra fatta per me sembra fatta per tu!». Nel secondo spot, nell'elencare le qualità dell'automobile si specifica chiaramente: «Tira un'aria nuova con Liberty, la nuova gamma di Marea e Marea Week end. È una gamma speciale. Tutto, anche nel prezzo».

Se ci si sofferma a riflettere su questo tipo di pubblicità, si comprende che sono il riflesso di una società che sta attraversando una crisi economica che dura ormai da anni. È un po' come il discorso delle pubblicità inserite nelle diverse fasce orarie: pubblicità che vengono trasmesse in base al tipo di pubblico che fruisce della TV. Così come viene dato più spazio agli spot che pubblicizzano giocattoli durante i programmi dedicati ai bambini, anche questi spot sul risparmio sono dedicati al tipo di consumatore che ci si aspetta di trovare dietro al media televisivo.

4.2. Ritorno alle origini. I protagonisti dei nuovi sketch "all'italiana" degli anni Novanta

Come si è anticipato all'inizio di questo capitolo, negli anni Novanta c'è stato un ritorno non solo di alcuni personaggi ideati durante il ventennio di *Carosello*, ma anche del linguaggio tipico adottato nel programma. Le campagne pubblicitarie di cui si sta per parlare puntano anch'esse sul dialogo divertente e ironico, con una comicità tipica degli sketch televisivi e teatrali. Ma non è solo il linguaggio di *Carosello* a essere stato riproposto al pubblico. È proprio la tattica pubblicitaria a tornare sugli schermi, cioè quella che vuole catturare l'attenzione dello spettatore con una scenetta divertente, durante la quale il prodotto non viene esplicitamente menzionato, per poi pubblicizzarlo alla fine dello spot. Queste pubblicità puntano sulla serialità, tipica invece degli anni Ottanta. I personaggi che sponsorizzano il prodotto, affrontando avventure, o comunque comparendo in varie scenette, "diventano amici" del telespettatore, il quale è curioso di scoprire lo svolgersi della vicenda. Sono vere e proprie saghe pubblicitarie.

Si prenderanno in esame alcune campagne entrate a far parte della recente storia pubblicitaria che hanno adottato le strategie appena descritte. Questi filmati sono stati importanti per la pubblicità degli anni Novanta poiché, grazie ai dialoghi e alle storie seriali, il pubblico si è affezionato ai personaggi, e le frasi recitate sono diventate veri e propri tormentoni per anni. È il caso della frase pronunciata da Massimo Lopez: «Una telefonata allunga la vita» per la compagnia telefonica SIP (poi Telecom). La campagna pubblicitaria in questione è stata realizzata dall'agenzia Armando Testa e gli spot furono diretti da Alessandro D'Alatri. Il primo degli undici prodotti andò in onda nel 1993.

La storia, che si sviluppa in diverse scenette, è quella di un condannato a morte (interpretato da Massimo Lopez) che tenta di ritardare il momento della sua esecuzione esprimendo come ultimo desiderio quello di fare una telefonata. Telefonata ovviamente lunghissima grazie alla compagnia telefonica pubblicizzata. Infatti, sarà presente alla fine di ogni filmato la nota frase: «Una telefonata allunga la vita».

Il primo spot, quello introduttivo, inizia con un clima dominato dalla tensione. Siamo in un deserto, riprodotto nelle cave della Magliana. Massimo Lopez sta per essere fucilato e il primo piano dello sguardo del condannato è carico di preoccupazione, mentre una musica solenne di sottofondo sottolinea la pericolosità della situazione. Quando viene chiesto al condannato a morte se vuole esprimere un ultimo desiderio, questi risponde: «Potrei fare una telefonata?». Il clima di tensione si scioglie non appena Lopez esclama, dopo aver composto il numero: «Pronto? Mario! Come stai? Io bene. Sono con degli amici. Sì, sì, sta bene. No, è l'altro... il piccolo. Cosa vuoi, corre dappertutto poi suda e si ammala. No, domenica non vengo. Per fare trenta chilometri ci vogliono tre ore. Dai, parliamone per telefono che conviene». Interrompe un attimo la conversazione per chiedere a uno del plotone di esecuzione se gentilmente gli può dare una sedia per sedersi. Si fa notte e Lopez è ancora al telefono perché, come ha detto al suo amico Mario, conviene (evidentemente sia perché in questo modo non verrà fucilato nell'immediato, sia perché è conveniente parlare al telefono grazie alla compagnia telefonica che utilizza). Lo spot prosegue con Lopez che continua a parlare con il suo amico Mario fino a quando non gli dice: «Ti saluto, allora... salutami Marco» destando l'attenzione dei componenti del plotone di esecuzione che attendono la fine della telefonata, ma questi vengono delusi sentendo il condannato a morte dire: «Ah, è lì? Passamelo, allora! Marco! Che fine hai fatto? Meno male che c'è il telefono! Come stai?». Lo spot, della durata di cinquantanove secondi, termina così: con Lopez che continua a parlare con l'amico Marco, e una scritta compare sullo schermo accompagnata da una voce fuori campo che la pronuncia: «Una telefonata allunga la vita». La pubblicità vinse molti premi; tra questi la Targa d'argento della comunicazione, l'Agorà d'oro e il Grand Prix pubblicità italiana, ma non solo: vinse anche il premio per la miglior regia al festival internazionale della pubblicità di Cannes.

Questo fu solo il primo di una serie di spot aventi Lopez come protagonista. In uno dei filmati, Lopez e Solenghi si incontrano perché il plotone di esecuzione, sparando verso l'alto, fa precipitare l'anima del Paradiso Solenghi che si godeva tranquillamente il caffè Lavazza (ovviamente la marca del caffè non viene menzionata, ma il telespettatore comprende facilmente la fusione delle due pubblicità).

In un documento pubblicato sul sito della Telecom, l'allora responsabile della Linea Centrale Pubblicità e Promozione della Sip, Maria Clara Jacobelli scrive:

«La crisi che ha colpito da qualche tempo le aziende e le famiglie italiane ha creato ansie e atteggiamenti di risparmio per tutto, anche dove non è poi così indispensabile. Quindi risparmiare sul telefono è stata una delle prime misure adottate. (...) L'obiettivo della nuova campagna televisiva è quello di restituire la sua naturale importanza al servizio telefonico, non solamente come mezzo essenziale per comunicazioni di lavoro di prima necessità ma anche, e soprattutto, come strumento indispensabile per mantenere, soddisfare e alimentare le relazioni sociali e affettive. (...) Ecco quindi una campagna pubblicitaria che racconta una storia. Una storia brillante e originale per riscattare con un sorriso tutto il piacere della chiacchierata all'italiana».

Effettivamente, la storia ideata dall'Agenzia Armando Testa riscosse successo al punto tale che le persone erano desiderose di sapere come sarebbe finita la storia del povero condannato a morte chiacchierone.

La serie si conclude nel 1999 con la fucilazione di Lopez che però, grazie al progresso tecnologico, si salva. Infatti, avendo un computer nascosto sotto la camicia, riesce a sopravvivere. All'esclamazione di uno degli uomini del plotone che dice: «Ma che è morto?», Lopez risponde, una volta destatosi dopo la sparatoria: «Ma vi rendete conto? Vi rendete conto che se questa cosa fosse accaduta tre anni fa io sarei morto davvero? Menomale che nel frattempo la Telecom è cambiata. Altrimenti...». Accende il PC portatile e una voce fuori campo esclama: «Adesso non è solo telefono: internet, telefonia mobile e comunicazioni satellitari. Informatica, pay tv, telefonia fissa. Telecom Italia oggi è uno dei più importanti gruppi privati di telecomunicazioni.

Presente in diciassette paesi, è un valore per l'Italia nel mondo». Lo spot termina con Lopez che saluta gli uomini del plotone ringraziando per "la telefonata" (durata diversi anni evidentemente) e si accinge ad andare via tra i saluti malinconici dei suoi compagni di avventura. Quando mette in moto l'auto, questa non parte e dovrà nuovamente ricorrere al telefono per risolvere la situazione.

La campagna pubblicitaria con Lopez riscosse molto successo e la frase: «Una telefonata allunga la vita» è rimasta nella memoria di molti. Così come quella pronunciata dalla ragazzina: «Mi ami? Ma quanto mi ami?» per pubblicizzare l'avviso di chiamata. Pubblicità ideata nuovamente dall'Agenzia Armando Testa per la compagnia telefonica Sip, è entrata subito nelle case degli italiani diventando un vero e proprio tormentone per un'intera estate. La pubblicità riprende una ragazzina nella sua camera che parla al telefono con Marco e gli chiede: «Marco, ma mi ami? Ma quanto mi ami? E... mi pensi? Ma quanto mi pensi? Oh, scusa, scusa, ho un'altra telefonata, aspetta». Mette in pausa grazie all'avviso di chiamata e risponde a un altro corteggiatore esclamando: «Ciao Andrea! Mi ami? E... quanto mi ami?». Compare poi la pubblicità al servizio con la scritta in sovrimpressione: "Avviso di chiamata. Il tuo telefono sempre libero". Lo spot termina con la fanciulla (interpretata da Alessandra Bellini) che dalla telefonata con Andrea passa nuovamente a chiedere a Marco se la ama ancora. Mauro Mortaroli, direttore creativo dell'Agenzia Armando Testa, ha curato la realizzazione dello spot, e in un'intervista ha affermato:

«La pubblicità dagli italiani viene presa maledettamente sul serio, quasi che le Aziende volessero dare insegnamenti di vita o proporre modelli da seguire! La pubblicità non crea dei miti o forgia dei costumi, né tanto meno li condiziona, bensì cavalca la realtà così com'è. Uno spot rappresenta un frammento di vita autentico (...)».

Quanto dice Mauro Mortaroli in questa intervista è all'incirca ciò che si è sostenuto nel presente saggio analizzando le varie pubblicità nel corso degli anni. Se è vero che la pubblicità è uno strumento importante per lanciare mode o suggerire alle persone come comportarsi (come negli spot della Levi's o di Golden Lady), è altrettanto vero che queste pubblicità sono lo specchio della società stessa. Quindi, le suddette pubblicità sono state ideate in base a quanto stava accadendo nella società. Se non ci fosse stata una rivoluzione sessuale in atto, probabilmente non sarebbero mai stati girati dei filmati dove gli attori manifestavano una caduta delle inibizioni a favore di un atteggiamento disinvolto e sicuro di sé. Questo accadeva degli anni Ottanta; negli anni Novanta, invece, la principale "protagonista" degli spot iniziava a essere la crisi. Le pubblicità ideate per la Sip dall'Agenzia Armando Testa svelavano le problematiche economiche del Paese nel momento in cui puntavano tutto sul risparmio di cui poteva godere il consumatore del servizio, ma attraverso la genuina malizia della fanciulla riprendevano anche uno scorcio di quotidianità. Le riprese dello spot in questione sono fisse sull'ambiente in cui si trova la ragazzina, il cui comportamento da donna piena di corteggiatori si scontra con la stanza intorno a lei, dominato da oggetti che rimandano all'infanzia (la casa delle bambole indica che il passaggio dall'infanzia all'adolescenza è avvenuto da poco). La pubblicità in questo caso non è solo la fotografia della società nel senso più ampio da considerare, ma è anche uno scorcio sulla vita quotidiana di ogni persona. Lo spettatore si può facilmente identificare con la protagonista di questo spot, perché vede in lei un periodo della vita che sta attraversando o che ha già attraversato.

Sono stati realizzati vari spot aventi la Bellini come protagonista che recita la frase tormentone: «Mi ami? Ma quanto mi ami?» e ancora oggi questa frase viene utilizzata da alcuni per scherzare, quasi come fosse entrata automaticamente nel linguaggio goliardico.

Un'altra campagna pubblicitaria che punta sul dialogo divertente dei protagonisti è quella ideata dall'Agenzia Armando Testa per la promozione del caffè Lavazza. La collaborazione con Lavazza, iniziata nel 1958 con la campagna Paulista, è continuata da un millennio all'altro, arrivando fino alla pubblicità che si sta per analizzare. Nel corso di tutti questi anni, a occuparsi delle pubblicità per Lavazza fu sempre l'Agenzia Testa; comprese quelle realizzate dal 1977 al 1993 con Nino Manfredi come primo testimonial in carne e ossa per Lavazza. La sua celebre frase: «Il caffè è un piacere, se non è buono che piacere è?» non è ancora stata dimenticata.

Nel 1995 viene ideata la campagna pubblicitaria con il messaggio che senza caffè non si potrebbe essere felici nemmeno in paradiso.

La cosiddetta *Campagna Paradiso*, diretta dai registi Gabriele Salvatores e Alessandro D'Alatri, vede come primi protagonisti Tullio Solenghi e Riccardo Garrone. Il primo spot di questa campagna è andato in onda nel 1995. La pubblicità inizia con Solenghi che, una volta giunto in paradiso, cerca qualcosa tra le nuvolette vaporose. Trova la tazzina e poi la caffettiera, però manca la cosa più importante (che sarebbe il caffè, ma la marca non viene ancora menzionata). A quel punto si avvicina San Pietro, interpretato da Riccardo Garrone, che chiede alla nuova anima arrivata in Paradiso se c'è qualcosa che non va. Questa risponde:

Solenghi: «Ah, buongiorno, eccellenza. Eh, che mi ero tanto raccomandato e alla fine manca proprio il caffè».

Garrone: «Figliolo, ma qui abbiamo un ottimo caffè».

Solenghi: «Quale?».

Garrone: «Il caffè Paradiso». Intanto San Pietro tiene in mano un'enorme chiave (quella delle porte del Paradiso)

Solenghi: «Scusi Pietro, senza offesa, ma io ero abituato a Lavazza. Quando stavo giù e mi andava un caffè mi bevevo Lavazza e mi sentivo in Paradiso, e adesso che sono qui non...». Il nome del prodotto viene svelato a circa metà dello spot (a ventiquattro secondi su un minuto di pubblicità). San Pietro sorride al nuovo arrivato, come se volesse suggerirgli di rassegnarsi, ma Solenghi prosegue senza arrendersi: «Non è che lei potrebbe per caso andare...». Indica verso la Terra.

Garrone: «Ma certo, e magari vado pure al supermercato!».

Solenghi: «Sarebbe un santo».

Garrone: «E cosa dovrei...». Ormai rassegnato all'idea di dover fare la spesa, San Pietro tira fuori uno strano marchingegno dalla tasca, e intanto ascolta la richiesta del nuovo abitante del Paradiso.

Solenghi: «Lavazza crema e gusto. Un pacchet... anzi no, due pacchetti. Sa, alle volte...».

San Pietro a questo punto scende verso la Terra e va a procurarsi il caffè Lavazza per poi berlo insieme all'insistente anima che lo ha mandato a fare la spesa. I due sorseggiano il caffè seduti su comode poltroncine di nuvole, e San Pietro, sorpreso, esclama due volte: «È buono! È buono!». Solenghi risponde: «È Lavazza! Com'è che si diceva? Più lo mandi giù più ti...». Si ferma per impedire a San Pietro di fluttuare verso l'alto con la nuvola perché Lavazza "lo tira su" (si rievoca qui la celebre frase di Nino Manfredi: «Lavazza, più lo mandi giù e più ti tira su...»). A fine spot una scritta compare in sovrimpressione sullo schermo: "Solo quando è buono il caffè va in Paradiso. Lavazza".

Questo è il primo di una lunga serie di spot ideati per la *Campagna Paradiso* della Lavazza. Solenghi e Garrone reciteranno in numerosi filmati per diversi anni e ogni scenetta sarà diversa. A volte pescheranno in Paradiso, altre volte giocheranno a pallone e altre volte ancora cercheranno di sistemare la ricezione del segnale del televisore. Le scenette terminano sempre con i protagonisti che sorseggiano insieme il caffè, godendosi i piaceri che il Paradiso offre (bere il caffè in santa pace, per esempio). Le battute e i giochi di parole divertenti vengono impiegati sovente, come quando a fine spot Solenghi dice a Garrone: «La vita senza Lavazza è un inferno». Oppure come nella pubblicità del 1997, in cui Solenghi e Garrone vanno al mare (sempre in Paradiso) e una volta seduti una ragazza fa cadere la palla vicino alle loro poltrone. Quando questa si scusa, Solenghi la invita a bere un caffè con loro. Il divertente dialogo si sviluppa così:

Garrone: «Certo che per Lei ogni pretesto è buono».
Solenghi: «Eh, no no. È giusto! Eh! È crema e gusto, ogni

pretesto è quello giusto. Eh...». A questo punto arriva la bella ragazza, accompagnata però dal fidanzato; un uomo altissimo ed enorme. A quel punto Solenghi, un po' deluso e basito, recita con ironia: «E... l'armadio come lo prende il caffè? Doppio?».

Gli spot girati con Solenghi e Garrone dureranno dal 1996 al 1999. In tutto, le scenette sono state dieci:

- *Benvenuti in Paradiso*
- *Leonardo*
- *Una partita in Paradiso*
- *San Remo i Sanremo?*
- *Caffè alla napoletana*
- *Al mare*
- *Il caffè è un miracolo*
- *La cuoca*
- *I mondiali di calcio*
- *Il sogno*

Dal 2000 giungeranno in Paradiso due nuovi testimonial per Lavazza: Bonolis e Laurenti. La coppia, nota al pubblico, in questi spot dialoga spesso con una voce fuori campo (la voce della Lavazza).

Il primo spot in cui compaiono i due comici si intitola *Bagno Turco* ed è la pubblicità di lancio dei nuovi testimonial. Lo spot dura solo diciannove secondi e vede i due dentro un bagno turco pieno di nebbia. Laurenti recita la parte del figlio di Bonolis. Il padre, quando sente un forte profumo di caffè, decide di scoprirne la provenienza seguendo il suo olfatto, e porta con sé il figlio impaurito.

Il secondo spot, intitolato *Posso offrirvi un caffè?* è la

prosecuzione del primo e vede i due nuovi protagonisti che arrivano in Paradiso, ancora avvolti dagli asciugamani indossati nel bagno turco. Il primo spot si può considerare una sorta di presentazione al pubblico dei nuovi protagonisti delle scenette, siccome in questi pochi secondi non viene pubblicizzato apertamente il prodotto Lavazza, ma si vedono solo i due passare dal bagno turco a una nuova "realtà", seguendo il buon profumo di caffè. Una volta diradata la nebbia, Bonolis e Laurenti si guardano intorno e vedono una bella ragazza dalle fattezze di un angelo con in mano un vassoio contenente un pacchetto della Lavazza e due tazzine. La ragazza offre loro un caffè e i due lo accettano di buon grado, apprezzandolo molto. I dialoghi, a differenza di quelli con il precedente testimone Solenghi, puntano molto sulla parlata in "romanaccio". I due comici hanno sempre parlato in dialetto romano negli sketch in cui recitano insieme, facendo di questa particolarità una loro caratteristica. Il dialogo si sviluppa in questo modo nel secondo spot:

Ragazza angelo: «Posso offrirvi il caffè?».

Bonolis: «Chi è ahò? Oh... salve, signorina! E beh, grazie, un caffè non si rifiuta mai».

Laurenti: «Ammazza quanto è bono, ahò!».

Bonolis: «Oh, signorina senta, già che Lei è indigena no, del luogo, ma questo che paradiso è?».

Ragazza angelo: «Posso offrirvi il caffè?».

Padre e figlio si guardano un po' basiti.

Bonolos: «Daje... E pijamose un altro caffè».

Bevono un'altra tazzina di caffè gustandoselo per bene.

Bonolos: «Signorina, lasci che glielo dica, questo caffè era ottimo. Eh, qualità Oro Lavazza. Ma pa 'nassene da sta pubblicità come se fa?».

Ragazza angelo: «Posso offrirvi il caffè?».

A questo punto i due iniziano a spazientirsi per la carenza di comunicazione della ragazza, e Bonolis esclama: «Ma perché non offrirlo pure a qualcun altro?». Lo spot prosegue con la voce fuori campo della fanciulla che spiega perché offriva così tanti caffè alle nuove anime arrivate in Paradiso: «Oggi qualità Oro vi offre otto caffè in omaggio». La pubblicità termina con una conversazione divertente tra Bonolis e Laurenti che discutono sulla loro presenza in Paradiso:

Bonolis: «Questa è matematica. Se siamo in Paradiso, Lei è morto!».

Laurenti: «Ma perché solo io?».

Bonolis: «Ma che Le paro morto io?».

Laurenti: «No».

Bonolis: «E allora il morto è Lei. Vede che fila? È un concetto».

Laurenti: «Ah...».

Lo spot appena descritto sancisce l'arrivo dei "nuovi arrivati". Bonolis e Laurenti saranno i testimonial per Lavazza dal 2000 al 2011 e sono state numerose le scenette proposte al pubblico:
- *Bagno Turco*
- *Posso offrirvi un caffè?*
- *Idiomi italici*
- *Vestiti*
- *La casa*
- *Prova di volo*

- *Il poeta*
- *La donzelletta*
- *Presepe vivente*
- *Mela*
- *Matrimonio Luca*
- *Pianoforte*
- *Merlino*
- *Cerco casa*
- *A cena dallo zio*
- *Tifosi*
- *Lo zio scozzese*
- *Orientale*
- *Ottovolante*
- *Americano*
- *A modo mio*
- *Montone nervoso*
- *Lupo agitato*
- *Santi*
- *Festa del Papà*
- *San Valentino*
- *Terme*
- *Il Paradiso in ufficio*
- *Santina Cup*

Furono circa una trentina i filmati che videro Bonolis e Laurenti come protagonisti nelle pubblicità realizzate dall'Agenzia Armando Testa per il marchio Lavazza, prima che questi passassero il testimone a Enrico Brignano nel 2012.

Le scenette con Bonolis e Laurenti sono tutte diverse. A volte compare San Pietro (sempre interpretato da Garrone), altre volte la ragazza angelo (definita scherzosamente da Bonolis "La quaglia"). Altre volte ancora nuovi personaggi che interpretano i più svariati abitanti del Paradiso. Persino Boccaccio suggerirà a Bonolis una poesia da recitare a San Pietro durante la sponsorizzazione del caffè decaffeinato Lavazza. Le scenette sono sempre improntate da quella comicità che caratterizza la coppia Bonolis-Laurenti. I dialoghi sono divertenti, e spesso i due si cacciano in situazioni buffe, come quando protestano perché vorrebbero una parte più importante e più centrale nel "presepe vivente", e San Pietro li accontenta facendo fare loro il bue e l'asinello dentro la capanna. Spesso le scenette giocano ironicamente sulle credenze religiose. Per esempio, i due finiscono nei guai quando raccolgono una mela dall'albero per fare la macedonia e San Pietro li rimprovera dicendo: «Eppure la sapevate la storia della mela!». Bonolis incolpa Laurenti e questi, mentre cerca di discolparsi, chiede di punto in bianco se può avere un caffè, sorprendendo San Pietro che esclama: «Ma le pare il momento?». Bonolis allora recita: «Se è crema e gusto, ogni momento è quello giusto. Lo dice il proverbio», rievocando la frase già pronunciata in passato da Solenghi.

L'attrice Laura Chiatti compare in più di una scenetta. In un filmato interpreta la sposina di Laurenti e nello spot *Cerco casa* i freschi sposi rifiutano un affare, pensando di dover pagare troppo per comprare un castello. San Pietro spiega loro che in Paradiso, quando si compra casa, si ricevono anche dei soldi per poterla mantenere, e i tre si rendono conto di aver sbagliato a rifiutare. Bonolis allora si mette al lavoro per costruire la casa al figlio e alla nuora, e il dialogo si svolge così:

Chiatti: «Ecco il caffè».
Bonolis: «Meno male. Che è?».
Chiatti: «È qualità rossa. Più lo mandi giù e più ti tira su».
Laurenti: «Eh, che c'ha bisogno d'energia. Mò mo o costruisci tu il castello».
Bonolis: «Bono! Io non potevo sapere!».
Laurenti: «Papà, se le cose le vuoi fare falle, se le cose le vuoi dire dille, ma se le cose non le sai… Salle!».
Bonolis: «Salle?».
Laurenti: «Salle, Sì, è n'avverbio».
Bonolis: «De che?».
Laurenti: «De che? De me! É n'avverbio possessivo… è mio!».

Questo dialogo gioca molto sulla parlata alla mano dei protagonisti per sfociare poi in un italiano sbagliato con una frase che ai tempi andava di moda per scherzare con goliardia sugli strafalcioni del parlato colloquiale. I dialoghi sono sempre in dialetto romano, e i filmati hanno l'obiettivo di divertire il telespettatore che è già affezionato ai due personaggi televisivi perché li conosce ormai da anni.

Ad affiancarli in uno spot è stata anche la grande attrice internazionale Julia Roberts, la quale, con il suo bel sorriso non poteva far altro se non catturare ulteriormente l'attenzione del telespettatore. Lo spot con la Roberts costò circa ben 1,5 milioni di dollari secondo alcuni siti USA. Nel filmato, l'attrice interpreta la Venere di Botticelli. Laurenti e Bonolis cercano invano di farla sorridere per far sì che il pittore possa dipingere il suo radioso sorriso ma questa, seria e imbronciata, ritrova il sorriso solo dopo aver bevuto il caffè Lavazza. Insomma, uno dei rari casi in cui un sorriso vale molto più di mille parole (e anche più di un milione di dollari, a quanto pare).

Dal 2012 il nuovo testimonial per Lavazza è Enrico Brignano. Anche in questo caso, essendo Brignano un comico, le scenette puntano a divertire il telespettatore. Il dialetto romano torna in primo piano, e in una scenetta del 2014 in cui Brignano pubblicizza le capsule Lavazza, si vuole evidenziare l'italianità del prodotto. Dopo una cena romantica a base di "mozzarella hawaiana, fiori di zucca dell'Artico e vongole del Sahara" con Serena Rossi, il dialogo tra i due innamorati si svolge così:

Rossi: «Ti è piaciuto qui?».
Brignano: «Eh! La mozzarella hawaiana era proprio una bufala, i fiori di zucca dell'Artico più che freschi erano… gelati, e le vongole del Sahara … ehm… Ma almeno il caffè lo prendiamo a modo mio e a casa mia?».
Rossi: «Allora vuoi approfittare di me…».
Brignano: «No! Voglio approfitta' del caffè mio. Che almeno quello parla italiano».

A questo punto la telecamera si sposta sulla moltitudine di cialde "Lavazza a modo mio" e la ripresa al rallentatore mostra il funzionamento della macchinetta per le cialde Lavazza. Intanto, la voce fuori campo di Brignano continua: «Vedi come il caffè scende piano piano? Intenso, corposo… com'è?». La Rossi esclama: «Ma è buonissimo!». E Brignano spiega: «È Lavazza a modo mio. Questo parla italiano! Senti che dice...». Avvicina la capsula all'orecchio della bella Serena e sussurra: «Provami, assaggiami, amami...». Lei allora prosegue: «Sposami!». A quel punto Brignano si ritrae e, scuotendo la capsula, dice: «Ci deve essere un'interferenza. Pronto? Lavazza me senti? Pronto?». La pubblicità termina con il comico che si allontana mentre in sovrimpressione si vedono le due macchinette per cialde della Lavazza e i diversi gusti in commercio.

Attraverso la gag degli attori, molto bravi entrambi a recitare, il pubblico si diverte nel vedere uno dei comici più apprezzati in Italia sponsorizzare Lavazza, dimostrando di non essere da meno rispetto ai suoi predecessori residenti del Paradiso.

I testimonial che si sono alternati nel corso degli anni per la *Campagna Paradiso* hanno saputo interpretare egregiamente i copioni realizzati dall'Agenzia Armando Testa, e le scenette sono sempre state curate nei dettagli: dalla scenografia ai dialoghi.

Con queste tre vincenti campagne, ideate tutte dall'Agenzia Armando Testa, si conclude la parte dedicata alle pubblicità realizzate negli anni Novanta.

Le campagne pubblicitarie per la SIP (poi Telecom) e per Lavazza, sono il perfetto esempio di come negli anni Novanta venne considerata nuovamente vincente la realizzazione di una pubblicità "all'italiana". Queste saghe pubblicitarie, che possono considerarsi come una sorta di rilancio dell'unione di vari generi passati, avevano l'obiettivo di creare innovazione nella continuità. Effettivamente, nonostante sia possibile trovare diverse analogie con pubblicità passate, si può dire che lo scopo di non risultare banale è stato raggiunto. Tuttavia, tali pubblicità, seppur riscuotendo grande successo, non risultano di facile comprensione al resto del mondo.

Dal 1995 al 2014 vennero mandati in onda otto filmati ideati per uscire dai confini italiani, ma i protagonisti delle scenette non furono né Solenghi, né la coppia Bonolis-Laurenti, né Brignano. Come si è rimarcato più volte, i dialoghi, seppur divertenti e mai banali, potevano essere colti solo da un pubblico limitato: quello italiano. Per questo motivo gli otto spot ideati per promuovere il prodotto all'estero non puntavano sul dialogo, bensì sulla musica e sulla potenza delle immagini.

La pubblicità del nuovo millennio in alcuni casi è riuscita a reinventarsi, a sorprendere il telespettatore facendolo sorridere presentando un nuovo tipo di filmato divertente: quello del *sex symbol* divino che scende sulla terra per vivere nella quotidianità. A divertire il fruitore del media non saranno i dialoghi ben progettati, ma le scenette che vedono l'attore in una situazione poco credibile: da George Clooney che riceve una portata in faccia perché: «No Martini? No party!» a Banderas che chiacchiera con una gallina. Nel prossimo paragrafo ci si dedicherà a quegli spot che vedono come protagonisti due divi internazionali dello spettacolo: George Clooney e Antonio Banderas. Eroi che però, senza il prodotto sponsorizzato, lottano contro i mulini a vento.

4.3. Clooney e Banderas:
i divi incompresi degli spot del nuovo millennio

George Clooney, scapolo d'oro di Hollywood di origini irlandesi. Stella prima del piccolo schermo nei panni del Dr. Doug Ross con il telefilm *E.R. - Medici in prima linea* e poi divo del cinema in numerosissimi film di successo; per uno dei quali, *Syriana*, vince il premio Oscar nel 2006 come migliore attore non protagonista. Attore di fama internazionale, è tutt'oggi sulla cresta dell'onda. Nel 2013, alla serata degli Oscar, assiste all'assegnazione di ben sette statuette d'oro su dieci candidature per *Gravity*, film di cui è protagonista con Sandra Bullock. Nello stesso anno riceve anche l'Oscar al miglior film per *Argo* insieme a Ben Affleck e Grant Heslov.

Antonio Banderas, attore spagnolo scoperto inizialmente dal regista Pedro Almodóvar (per il quale ha recitato in diversi film) viene presto notato e arriva a lavorare ad Hollywood, diventando anch'egli una stella di fama internazionale. Dimostra di essere un attore versatile recitando sia in film musicali come *Ti va di ballare?* sia in film drammatici come *Matador* e *La pelle che abito*, entrambi di Almodóvar.

Le due stelle hollywoodiane di cui si sono brevemente decantati i meriti, reciteranno in alcuni filmati pubblicitari, accettando di non essere loro gli eroi della situazione, bensì il prodotto che pubblicizzano. Clooney sarà testimonial per Martini e per Nespresso, mentre Banderas per Mulino Bianco.

I filmati realizzati con i due attori come protagonisti sono ben diversi da quelli in cui a "recitare" è un eroe che ormai possiamo dire di conoscere bene: Caballero. Il prode Caballero affronta ogni ostacolo per salvare Carmencita. In sella al suo destriero, la raggiunge in ogni angolo della terra: dall'Argentina al Brasile e persino a New York. La sua determinazione è inarrestabile, e ogni volta che i cattivi cercano di tenerlo lontano dalla sua bella, riesce a batterli, svelando infine di essere lui il ben noto Paulista. Caballero è un divo, è un eroe che salva il suo amore e risolve ogni problema. Ben diversi sono i gli "eroi" Clooney e Banderas. Se

Caballero è il protagonista indiscusso delle scenette di *Carosello* per il caffè Lavazza, i due attori sono sì i testimonial del marchio sponsorizzato, ma a essere al centro dello spot è il prodotto stesso.

C'è un rovesciamento del ruolo dell'eroe nel momento in cui al divo George Clooney viene sbattuta la porta in faccia perché non è in possesso della bottiglia Martini. Anche Banderas non sembra essere lo stesso sadico chirurgo de *La pelle che abito* quando nello spot di Mulino Bianco chiacchiera con la gallina Rosita.

Lo spettatore, che conosce molto bene i due famosi testimonial, si diverte a seguire la scenetta in cui Clooney non solo non viene idolatrato dalle modelle della pubblicità per Martini, ma addirittura scopre che non lo accetterebbero al loro party senza una bottiglia del prodotto in questione perché: «No Martini? No party!». Stesso discorso per lo spot di Nespresso chiamato *In The Name Of Pleasure* in cui Clooney si siede al tavolo di una bella ragazza (Lauriane Gilliéron, Miss Svizzera 2005) che ha appena finito di sorseggiare un Nespresso e si offre di andare a prenderle un'altra tazzina di caffè. La ragazza prima finge di non riconoscerlo; poi, quando lui si allontana per andare a prenderle un altro caffè lasciando lì il suo, lei esclama: «*George Clooney is inside!*» con lo scopo di "intrappolarlo" fra le urla delle ammiratrici, permettendole di godersi il caffè in santa pace. La frase pronunciata dalla voce fuori campo: «Non lasciare che qualcuno si intrometta tra te e il tuo piacere» sottolinea la situazione appena descritta. A quanto pare la ragazza preferisce la compagnia del caffè Nespresso a quella del bel George.

E come potrebbe non intenerire la pubblicità in cui Banderas si confida con la gallina Rosita? Dove sono finite tutte le ammiratrici, se per soddisfare la sua necessità di comunicazione si avvale della presenza di un volatile distratto? Insomma, eroi relegati a un ruolo secondario. Il protagonista indiscusso è il prodotto, e se a sponsorizzare il caffè Lavazza ci fosse ancora Caballero, probabilmente riderebbe di loro sotto i baffi; anche se per farlo si dovrebbe trasformare in Paulista.

4.3.1. «No Martini? No party!»

Dalla metà degli anni Novanta, per le pubblicità di Martini iniziano a venire impiegati sempre più di frequente volti noti al pubblico. Nel 1995 una splendida Charlize Theron si presta a dare il suo volto per Martini in uno spot firmato McCann Erickson. Sempre in quegli anni l'Agenzia Armando Testa realizza la fortunata campagna pubblicitaria incentrata sul tema del party. Negli anni saranno star internazionali a fare da testimonial nella campagna in questione. Per prima Naomi Campbell, poi Sharon Stone e, per ben otto anni, George Clooney sarà il volto di Martini, portando nelle case l'ormai ben nota frase tormentone: «No Martini? No party!».

Tra gli organizzatori della campagna pubblicitaria per Martini spumanti si può citare il direttore creativo dell'Agenzia Armando Testa: Sergio Mascheroni, che ha seguito le pubblicità fino al 2006, quando poi ha intrapreso una carriera da libero professionista.

Il primo filmato con Clooney per la campagna Martini spumanti *No Martini? No party!* è del 2000 e riprende una festa in una casa stupenda, con tanto di piscina e molta gente che balla e si diverte. La telecamera ferma l'inquadratura sopra un capiente contenitore colmo di ghiaccio e bottiglie di spumante Martini; intanto la gente beve e balla sorridente seguendo il ritmo della musica. Poi la telecamera si sposta verso gli interni della casa e segue Clooney che va a suonare alla porta dell'organizzatrice della festa. Questa inizialmente pare contentissima della presenza dell'attore, tanto che nel vederlo esclama con una mano alla bocca: «George!». Lui saluta sicuro di sé con un bel: «Ciao!». Sembra fatta: attore conosciuto, bello e sa pure l'italiano! Pare impossibile che non venga accettato alla festa. Eppure, la bella mora proprietaria di casa (che è la modella e presentatrice inglese Lisa Snowdon), quando vede che George è sprovvisto dello spumante, lo guarda contrariata e gli dice: «No Martini? No party!». E sbatte la porta in faccia all'incredulo George. A questo punto viene mostrata una veloce ripresa di Clooney basito sulle note di sottofondo della musica che accompagna tutta la pubblicità: *Nigh Over Manaus* di Boozoo Bajou. Resosi conto che l'unico modo per venire accettato alla festa è quello di portare lo spumante Martini, George si presenta poco dopo alla porta della ragazza con una pila di casse piene di Martini, e stappa una bottiglia con spavalderia usando un sol pollice. Lo spot, della durata di trentatré secondi, ha fatto subito successo. L'Agenzia Armando Testa ha trovato il modo di ideare una chiave di lettura ironica da proporre allo spettatore e nello stesso tempo nuova. Un qualcosa che non si era ancora assaporato: far scendere dal piedistallo il divo dei divi per metterci sopra il prodotto pubblicizzato. Rifiutare il sogno proibito di migliaia di donne perché non ha portato con sé lo spumante Martini. Idea vincente senza alcun dubbio. Visto il successo di questa pubblicità, la campagna ha proseguito per anni la collaborazione con Clooney, facendo appassionare il pubblico a quella che è diventata di fatto una saga pubblicitaria, una vera e propria storia da raccontare.

La saga pubblicitaria prosegue negli anni, e George trova anche il modo di vendicarsi quando, in uno spot del 2003, infastidito dal baccano della festa alla quale non era potuto entrare tempo prima senza lo spumante Martini, decide di andare a sequestrare tutte le bottiglie e i bicchieri perché, come dice lui stesso a fine spot: «No Martini? No party!». E se ne va con un sorriso, togliendo la canzone di sottofondo (*I'm Your Boogie Man* di Kc & The Sunshine Band) e sostituendola con la musica classica. Dunque, senza Martini la festa non ha più motivo di andare avanti, permettendo a George di godersi tranquillamente la compagnia della ragazza con cui cercava di fare conversazione. Anche in questo caso, per essere ammesso alla festa (prima di portare via a tutti lo spumante), Clooney deve mostrare una bottiglia di Martini alla ragazza che gli apre la porta, quasi come fosse un lasciapassare al divertimento. La sua notorietà non basta e l'unico modo per risolvere la situazione è quello di ricorrere allo spumante Martini. Nel primo spot usandolo come biglietto di ingresso alla festa, e in quello appena citato portandolo via dal party in corso per far in modo di trascorrere la serata in santa pace con la fanciulla che è in casa sua.

La celebre frase: «No Martini? No party!» entra nel linguaggio degli italiani che lo usano con goliardia in diverse situazioni. Un video pubblicato nel sito dell'Agenzia Armando Testa lo mette chiaramente in evidenza; dagli striscioni dei tifosi di calcio con la scritta: "No Totti? No party!" ai giochi di parole usati nel mondo dello spettacolo con Raul Bova che esclama: «No limoncello? No party!». Ma la frase tormentone si trova anche nei titoli di giornale, in una gag con Paolo Bonolis e in una con i comici Luca e Paolo. Insomma, lo slogan è entrato in breve tempo nel linguaggio comune degli italiani e a distanza di diversi anni fa fatica a svanire l'espressione. La frase, così semplice, breve e ridotta all'essenziale, entra facilmente nella memoria collettiva, che ritenendo simpatica la scenetta del bello e impossibile detronizzato, ricorda chiaramente sia quei trenta secondi circa di spot, che quell'unica frase pronunciata durante la pubblicità. «No Martini? No party!» non entra di diritto solo fra il pubblico italiano, anche mezza Europa ha modo di far propria la celebre frase. Questo tipo di pubblicità non è come quelle di cui si è parlato in precedenza, elaborate prettamente per un pubblico italiano. Lo spot non è incentrato sul dialogo, e l'unica frase pronunciata è in inglese. Ciò indica una volontà da parte dell'Agenzia Armando Testa di voler produrre una campagna pubblicitaria volta all'inserimento nel panorama internazionale.

George Clooney ha prestato il suo volto per altre campagne pubblicitarie per Martini, oltre a quelle appena descritte. Nelle collaborazioni filmate dall'Agenzia McCann Erickson, il ruolo che interpreta è diverso perché non è il divo messo in secondo piano dal prodotto, ma è il divo acclamato e affascinante. Nella pubblicità intitolata *El toro* vediamo un Clooney disinvolto e sicuro di sé. Lo spot è ambientato durante un festival del cinema degli anni Sessanta ed è la prima di un film dal titolo appunto *El toro*, di cui Clooney è protagonista. Mentre versa il Martini si accorge che il ghiaccio è finito, e in quell'istante incrocia lo sguardo di una bellissima donna vestita da torero (che nella realtà è la ballerina Leonor Varela). Questa gli lancia uno sguardo provocante e risolve il problema della mancanza di ghiaccio sfoderando una spada e affettando con decisione una parte del corpo della scultura del toro di ghiaccio. Infine, sorseggia il drink pubblicizzato e lo porge a Clooney, che ammirato esclama: «Magnifico!». Pubblicità di cinquantotto secondi in cui la musica (un tango) è elemento fondamentale dello spot. Le pause, le riprese sui volti dei protagonisti, non sono lasciate al caso, e le immagini (in bianco e nero per richiamare un'epoca diversa da quella odierna), insieme alla musica sono gli elementi essenziali del linguaggio pubblicitario adottato. Un'unica espressione verbale viene pronunciata: "Magnifico!". La situazione è però ben diversa da quella in cui il povero George riceve una portata in faccia dalla bella modella sghignazzante. Nel filmato *El toro* è lui il protagonista indiscusso della scena. Tutti lo aspettano, tutti lo vogliono. Quando arriva, scende dalla macchina e attraversa il *red carpet* camminando in mezzo a una folla in adorazione; alcune stringono tra le mani foto raffiguranti il suo volto. Entrando nella sala viene bombardato da *flash* che arrivano da ogni direzione. Non solo non è più l'escluso che rimane fuori dai giochi e dal party, anzi, è lui il protagonista del film presentato al festival. Inoltre, per soddisfare il suo desiderio di bere il Martini fresco, la bellissima fanciulla è disposta addirittura ad affettare il posteriore di un toro di ghiaccio in mezzo a una sala gremita di gente.

4.3.2. «Nespresso... *What else?*»

George Clooney è uno dei volti più noti per le pubblicità della linea di caffè in capsule Nespresso creata dal gruppo Nestlé nel 1986. Lo slogan utilizzato nelle varie campagne che vengono prese in esame è *Nespresso, what else?*

Il primo spot della serie *What else* si intitola *The Boutique* e fu girato nel 2006 a Los Angeles, nella Boutique Nespresso sulla Third Street Promenade di Santa Monica. A girare il filmato fu Michel Gondry (regista premio Oscar del film *Se mi lasci ti cancello*) e l'agenzia pubblicitaria che se ne occupò fu la McCann-Erickson. Lo spot riprende un George Clooney sicuro di sé che entra nella *boutique* per prepararsi un caffè. Passa davanti a due donne che parlano tra loro e descrivono le qualità di un divo. Clooney, convinto che i complimenti siano rivolti a lui, gongola un po'. Ben presto però, l'attore si rende conto che l'oggetto di tanta ammirazione non è lui, bensì il caffè. Le riprese si alternano tra la macchina del caffè e il volto dell'attore, quasi come se si volesse fare una comparazione visiva esplicita tra i due "rivali" attraverso le immagini. A vincere aggiudicandosi le lusinghe delle donne è Nespresso, e quando Clooney lo intuisce si avvicina alle due per domandare se stessero parlando del caffè. Queste annuiscono, dando conferma ai suoi sospetti, così lui si allontana con la sconfitta sul volto, esclamando: «*What else?*». A essere irresistibile, sensuale e intenso è dunque il caffè, e non il bel divo del cinema. La pubblicità termina con la voce di Clooney fuori campo che recita: «Nespresso. *What else?*». Questo è solo il primo di una serie di spot in cui Clooney cede i riflettori al vero divo della pubblicità: il caffè Nespresso. Infatti, anche negli spot successivi, il bel George non se lo fila nessuno.

La foto con Clooney che tiene in mano una tazzina è stata rilasciata per pubblicizzare il caffè Nespresso prima ancora che uscisse il corto girato da Michel Gondry. Per la precisione, la pubblicità, della durata di cinquanta secondi, uscì nel maggio del 2006, mentre la foto di Clooney venne pubblicata su quotidiani e periodici fin dall'aprile del 2006.

Il secondo spot della serie, intitolato *George Who?* fu girato nel 2007. A dirigerlo fu Bennett Miller (regista cinematografico che nel 2006 venne candidato al premio Oscar come miglior regista per la direzione di *Truman Capote: a sangue freddo*) e l'agenzia fu nuovamente la McCann-Erickson. Le riprese vennero girate a Milano, agli studi Ferrante Aporti, e durarono tre giorni. Questa pubblicità, come la precedente, vede Clooney coinvolto in una serie di equivoci in cui lui crede di essere l'oggetto delle attenzioni delle donne per poi scoprire che non solo non se lo filano per nulla, ma addirittura lo scambiano per il parcheggiatore senza degnarlo della minima considerazione. Lo spot inizia con Clooney che con passo sicuro si dirige verso un negozio Nespresso; apre la porta nel momento in cui sta uscendo una donna che tiene per mano un bambino e le sorride seguendola con lo sguardo mentre questa non si volta nemmeno a dargli un'occhiata. Un po' sorpreso per l'indifferenza della signora, il bel George si gira per entrare nel negozio, quando a uscire è adesso una bella ragazza, anch'essa totalmente indifferente per la presenza del divo hollywoodiano. Lo sguardo di Clooney manifesta stupore con una punta di dispiacere. Rimane impalato sull'uscio della porta dopo essersi voltato, come per appurare che quanto appena successo sia realmente accaduto. Ecco allora che una donna elegante dall'aria spavalda e gli occhiali da sole smisurati si avvicina a Clooney e gli dà le chiavi della sua auto con fare poco garbato. Lo ha scambiato per il parcheggiatore! Povero, povero George... il suo sguardo incredulo viene affiancato dalla musica presente in ogni scenetta della saga. Le riprese sulle espressioni facciali dell'attore e la musica sono orchestrate perfettamente per creare quell'effetto ironico voluto dalla pubblicità. Ma le disavventure non finiscono qui: una volta entrato, Clooney va a prepararsi un caffè Nespresso (è divertente la ripresa sulla camminata dell'attore, che ora non sembra essere più troppo sicuro come prima di entrare nel negozio). Mentre sorseggia il suo buon caffè, una ragazza si avvicina e inizia a parlare: «*Excuse me. Do you mind if...*». Clooney dà per scontato che la ragazza voglia un suo autografo e cerca la penna, poi dice che non ne ha una con sé. La ragazza lo guarda perplessa, come se non comprendesse perché dovrebbe volere un suo autografo. Lui si blocca corrugando la fronte e lei sorridendo spiega che voleva solo un caffè: «*Ehm... I just want a Nespresso*». L'attore allora, camuffando abbastanza male la sua delusione, si sposta per permettere alla ragazza di raggiungere l'oggetto del suo desiderio: il caffè Nespresso. Guarda lei, guarda la macchinetta del caffè e dice sorridendo: «Nespresso? *What else?*». Clooney dovrebbe poter essere considerato salvo dagli equivoci a questo punto, ma nella versione lunga dello spot (un minuto e cinquanta secondi), la donna che all'inizio aveva scambiato Clooney per un parcheggiatore torna alla carica per reclamare le chiavi della sua auto. Ma si interrompe, perché a quanto pare riconosce la persona che ha davanti. George sorride compiaciuto, come per dire: «Calma, calma, certo. Sono proprio io». L'attore sembra essere finalmente oggetto dell'attenzione di qualcuno. Purtroppo per lui non è così: la donna si rivolge alla ragazza che è alle sue spalle ed esclama: «Camilla!». Le due iniziano a parlare escludendo totalmente Clooney dalla conversazione. La pubblicità termina con l'attore che prende dal taschino della giacca le chiavi dell'auto della donna altezzosa, facendo un pensierino sul portargliela via per farle un dispetto. Poi ci ripensa e se ne va. Anche questa pubblicità punta molto sull'ironia del divo che non viene riconosciuto e che per una serie di equivoci si illude di essere oggetto delle attenzioni di chi lo circonda per poi scoprire che così non è.

Il terzo spot, intitolato *The capsule*, venne girato nel 2008 e fu diretto dal regista Guy Ritchie (noto per aver diretto *Sherlock Holmes* con Robert Downey Jr. e Jude Law). L'agenzia che se ne occupò fu nuovamente la McCann-Erickson. Questa scenetta è un po' diversa da quelle precedenti perché l'attore viene riconosciuto dalle donne, ma il reale oggetto delle attenzioni continua a essere il caffè. Le ragazze riconoscono sì Clooney, ma i complimenti vengono usati come mezzo per raggirarlo ed estorcergli la capsula Nespresso. Lo spot inizia con Clooney che è intento a prepararsi un buon caffè in uno *store*. La capsula che ha di fronte è l'ultima rimasta e mentre la sta prendendo si avvicina una bella donna che lo riempie di complimenti dicendo che ha visto tutti i suoi film, che è così carino, così dolce, così generoso... E gli porta via a tradimento l'ultima capsula Nespresso. Clooney, ancora una volta con l'espressione sorpresa manifesta sul volto, si allontana dal bancone con fare smarrito e va dall'altra parte del locale, ben fornito di capsule Nespresso. A questo punto si avvicina una ragazza, e quando gli chiede: «*Excuse me... Are you Mr. George Clooney?*», lui risponde: «*No, you must be mistaken*». Anche questo spot gioca molto sull'ironia. Sull'eroe snaturato dal suo ruolo perché preso in giro dalle donne che lo raggirano solo per impossessarsi del caffè Nespresso.

Verranno girate altre pubblicità con la ragazza che vuole liberarsi del bel divo per godersi il caffè. In questo caso, anche se il divo viene riconosciuto, non riceve veri complimenti dalle donne, poiché le lusinghe sono solo espedienti per raggiungere lo scopo ultimo di godersi il caffè senza distrazioni.

Il quarto episodio, del 2009, dal titolo *The Piano*, fu diretto da Robert Rodriguez (regista di vari film. Tra questi: *Machete Kills*, *C'era una volta in Messico* e *Sin City*). In questo spot Clooney, dopo aver acquistato varie capsule in un negozio Nespresso, viene schiacciato da un pianoforte precipitato dall'alto del palazzo. Quando Clooney arriva alle porte del Paradiso trova San Pietro (interpretato da John Malkovich), il quale, dopo le proteste dell'attore in merito alla sua presenza in quel posto, gli spiega che "loro" non fanno mai errori. Clooney insiste dicendo che non è ancora giunto il suo momento. Lo sguardo di San Pietro si posa sul sacchetto di capsule Nespresso che l'attore tiene in mano e gli dice che forse possono trovare un accordo: in cambio delle capsule Nespresso, George potrà tornare in vita. Nella versione lunga dello spot (un minuto e cinquantasei secondi), Clooney tenta una negoziazione con San Pietro, provando a convincerlo a prendersi qualunque altra cosa ma non il caffè (lo tenta persino con la sua Porsche e la sua casa in Italia, sul lago di Como). Solo una volta appurato che nulla può far cambiare idea a San Pietro, gli cede il caffè per ritrovarsi nuovamente in vita davanti al negozio Nespresso. Nella versione di quarantacinque secondi la conversazione tra i due è molto più breve, e dopo la richiesta delle capsule in cambio della vita si vede direttamente la scena in cui Clooney torna sulla terra e rientra nel negozio Nespresso, schivando il pianoforte che si schianta al suolo. Un'altra versione dello spot, della durata di due minuti e trentasei secondi, è quella in cui Clooney, piuttosto di consegnare le capsule Nespresso, entra in Paradiso accettando la sua nuova condizione di buon grado. Lo spot prosegue con i due attori che chiacchierano seduti su un comodo sofà bianco in compagnia di due splendide ragazze sorseggiando il caffè, fino a quando compare la nota scritta e voce fuori campo che recita: «Nespresso? *What else?*».

La prima versione descritta è forse quella più conosciuta e ha un sequel. L'attore Malkovich torna anche nello spot del 2010, intitolato *The cab driver*. La pubblicità fu diretta dal regista Grant Heslov (che ha diretto Clooney nel film *L'uomo che fissa le capre*). In questo spot troviamo Malkovich (nuovamente nei panni di San Pietro), alla guida di un taxi. Il filmato inizia con Clooney che sorseggia un caffè nel negozio Nespresso. Una ragazza gli sorride e lui ricambia. Dietro alla fanciulla sembra esserci una figura già vista in passato, tutta vestita di bianco, ma poi questa scompare e lui scambia l'accaduto per un miraggio. Quando esce dal negozio con il pacchetto di capsule Nespresso in mano guarda verso l'alto (probabilmente per controllare che non piombino pianoforti dal cielo) e, appurato di essere al sicuro, ferma un taxi con un sospiro di sollievo. A quel punto San Pietro, che è alla guida del taxi preso dall'attore, lo saluta e gli dice che in Paradiso hanno finito le capsule Nespresso. Clooney in un primo momento abbraccia il sacchetto Nespresso, come se volesse rifiutarsi di dare via le sue preziose capsule, ma poi si ricrede e porge il pacchetto a San Pietro. Questi però, accortosi che mancano delle capsule dal sacchetto, fa piovere sopra l'auto provocando un temporale. A quel punto Clooney gli consegna anche le capsule che aveva tentato di nascondere. Lo spot, come i precedenti citati finora, termina con la voce fuori campo che recita: «Nespresso? *What else?*». Questi ultimi due spot menzionati erano affidati all'agenzia

McCann-Erickson (come del resto anche i precedenti). Impossibile non notare che i filmati ricordano molto la campagna Paradiso ideata dall'agenzia Armando Testa per Lavazza. Questo fatto innescò una serie di botta e risposta tra le due aziende.

Alla dichiarazione di Gaetano Mele, amministratore delegato della Lavazza:

«Il Paradiso non può essere un'esclusiva per nessuno, ma ciò non toglie che non si possa intravedere, quanto meno, un'invasione di campo. Preferisco credere che si tratti di una sfortunata svista».

L'azienda svizzera rispose:

«Lo spot si basa su un *concept* originale: una delle scene si svolge alle porte dell'aldilà e rappresenta una metafora della scelta difficile che il protagonista è costretto a compiere. L'aldilà è un riferimento culturale, non è legato a un *brand* in particolare, ed è stato usato come ambientazione in innumerevoli libri, canzoni, film e campagne pubblicitarie».

La "battaglia" tra Lavazza e Nespresso non si è fermata a queste due sole frasi sopra citate, ma non si disquisirà qui l'argomento.

Lo spot Nespresso del 2011 si intitola *Lo scambio*, a girarlo fu nuovamente il regista Grant Heslov e l'agenzia fu la IPG Group (Lowe Paris). Il titolo della scenetta è dovuto allo scambio di valigie involontario avvenuto in aeroporto tra l'attore George Clooney e una ragazza. Quando i due si trovano nelle rispettive stanze d'albergo e aprono le valigie, trovano non solo gli indumenti sbagliati, ma anche le capsule Nespresso sbagliate! La valigia di Clooney in possesso della ragazza è colma di capsule di decaffeinato intenso, mentre lei sembra prediligere le capsule volluto. I due si incontrano per rendersi le rispettive valigie e, la da lui definita Signora volluto, dice al povero George che l'ha sempre immaginato più come un tipo da "Ristretto". Gli rende la mascherina per occhi da notte e aggiunge con un sorriso malizioso: «*Good night*, Mr. Decaffeinato». Dunque, dopo la breve "pausa-Paradiso", Clooney torna con questo spot a essere goliardicamente deriso dalle donne che incontra lungo il suo cammino per promuovere il caffè Nespresso.

Nel 2012 esce il settimo spot avente Clooney come testimonial per le capsule Nespresso. Il titolo è *Like a star*, realizzato da IPG Group (Lowe Paris). Il regista è nuovamente Grant Heslov (questa è la terza campagna che vede la collaborazione tra Clooney ed Heslov).

Ancora una volta si punta sulla parodia del divo per pubblicizzare il prodotto. In questo caso si vuole far passare il messaggio che a ogni cliente degli *store* Nespresso viene riservato un trattamento da *star*.

Il filmato, della durata di un minuto e due secondi, inizia con Clooney che, camminando sotto la pioggia battente, giunge troppo tardi al negozio Nespresso che sta chiudendo proprio nel momento del suo arrivo. La commessa che lavora allo *store* però, vedendolo, riapre e lo invita comunque a entrare, dicendogli che può solo perché è Mr. Clooney. L'attore allora suppone che il trattamento che gli è stato riservato dipenda dalla sua notorietà e avanza nel negozio gongolando. Rimane però sconcertato quando arriva un'altra ritardataria, la Signora Martin, invitata a entrare dal commesso che le si rivolge esattamente nello stesso modo in cui si era rivolta poco prima la ragazza all'attore. Clooney si avvicina alla donna, sorseggiando il suo caffè, e questa recita: «*When I come here I always feel like a star, don't you?*». L'attore risponde sorridendo: «*More or less*». A questo punto la commessa porta il caffè ristretto a Clooney chiamandolo per cognome; e la Signora Martin, invece di riconoscere l'effettiva notorietà del divo, che è davvero una stella del cinema, gli dice: «*You see? What'd I tell you?*». Ed esce, lasciandosi dietro di sé un incredulo George Clooney. Lo spot termina con il noto slogan «Nespresso? *What else?*» e con il messaggio che "Per Nespresso ogni *Club Member* è eccezionale". Il filmato, attraverso la parodia dell'eroe che anche questa volta non viene degnato di alcun trattamento speciale rispetto agli altri, vuole evidenziare la particolarità degli *Store* Nespresso, che sono luoghi accoglienti, dove il cliente viene trattato con cortesia. Le capsule Nespresso non si trovano nei supermercati, ma unicamente negli *Store* appositi, e questo fa di Nespresso un prodotto che si differenzia dagli altri. Quasi come se i consumatori fossero intenditori di caffè che decidono di dedicare parte del loro tempo per andare ad acquistare un singolo prodotto in un luogo che potrebbe essere considerato come un *club* esclusivo.

Dello spot del 2013 si è già accennato nel precedente paragrafo. Anche in questo caso l'agenzia che si è occupata della sua realizzazione è stata la McCann Erickson e il regista Grant Heslov. Il titolo è *In the name of pleasure* e ha due differenti versioni. La prima è quella della durata di quarantasei secondi con George Clooney come protagonista, la seconda è quella più lunga (della durata di un minuto e due secondi) che vede una *new entry*: Matt Damon. I due attori hanno già collaborato in passato sul set, in particolare si ricorda il fortunato film *Ocean's Eleven* (e i sequel *Ocean's Twelve* e *Ocean's Thirteen*). Anche Damon verrà messo da parte per il caffè. Un altro divo surclassato da Nespresso. Nel filmato si vede una ragazza (Lauriane Gilliéron, Miss Svizzera 2005) seduta davanti a un tavolino in una terrazza con vista sulla città. Ha in mano una tazzina vuota, e George Clooney le si avvicina per sedersi accanto a lei. Il dialogo si svolge così:

Voce fuori campo: «*Experience the quality of Nespresso, and you'll let no one compromise your pleasure*».

George Clooney: «*May I?*».
Lauriane Gilliéron: «*Please*».
George Clooney: «*It's Volluto?*».
Lauriane Gilliéron: «*It was...*».
George Clooney: «*Do you want me to...*». Si offre di andare a prenderle un altro caffè.
Lauriane Gilliéron: «*Oh, so nice of you. Mister...?*». Finge di non conoscerlo chiedendogli il nome.
George Clooney: «*Eh... George*». Dicendo il suo nome si alza e lascia la sua tazzina di caffè sul tavolo.
Lauriane Gilliéron: «*George Clooney is inside!*».

Così, alla compagnia del bel divo del cinema la ragazza preferisce godersi il suo buon caffè, intrappolando l'attore in una fiumana di fan. La versione da un minuto e due secondi con Matt Damon prosegue con una scritta in sovrimpressione: "*Same place, another time...*". E vede i due divi di Hollywood che si trovano davanti al bancone di uno *Store* Nespresso. Clooney saluta il collega, esce ed esclama: «*Ehi, Matt Damon is inside!*», con lo scopo di fargli lo stesso scherzetto che lui aveva subito da Lauriane Gilliéron. A questo punto Damon recita: «*Not this time my friend...*», e "rallenta la scena" sfiorando la barra in sovrimpressione per riuscire a godersi il suo caffè in tutta tranquillità (la versione con Damon è stata creata per la fruizione *on-line* sul canale *YouTube*).

Per riassumere, le campagne pubblicitarie per le capsule Nespresso hanno deciso di puntare sull'ironia e sulla presa in giro del grande divo del cinema. Un approccio nuovo che ha sortito gli effetti sperati. In merito al linguaggio adottato si possono fare varie considerazioni. La più importante è che la lingua scelta per i dialoghi è l'inglese. Questo rende lo spot di facile comprensione in ogni parte del mondo.

Il caffè, prodotto dalla società svizzera Nestlé, ha avuto grande successo anche in Italia, impresa davvero ardua da compiere, quasi quanto riuscire a vendere ghiaccio agli eschimesi. La notorietà del prodotto si deve anche al suo testimonial George Clooney e agli spot che hanno conquistato il pubblico, facendo diventare le capsule un prodotto considerato *in* dai consumatori. Non è forse esagerato ritenere che la scelta del testimonial è stata essenziale per la vendita del prodotto, ma non solo: anche i dialoghi intrisi di ironia (e autoironia) hanno fatto la loro parte. I filmati, diretti tutti da registi cinematografici, sono stati curati nei minimi dettagli; dalla musica (la colonna sonora originale è di Benjamin Raffaelli e Frédéric Doll) alla scenografia. Le espressioni mimiche di Clooney che passano dall'incredulità allo sgomento, creano ilarità. Un eroe messo da parte, quasi smarrito. Un eroe non riconosciuto e non considerato. Un eroe così lontano da Caballero che se ci fosse Carmencita nei suoi spot probabilmente si berrebbe il caffè nel tavolino accanto a Lauriane Gilliéron senza chiedere alcun autografo. Anche Topo Gigio era una *star* più lusingata e riverita negli spot dei Pavesini. Ma è proprio questo che ha fatto la fortuna delle campagne pubblicitarie Nespresso (come quelle per Martini). L'aver trovato un qualcosa di nuovo, qualcosa che non si era ancora visto. Aver messo in scena l'antieroe interpretato da un divo del cinema del calibro di Clooney.

Anche un'altra campagna pubblicitaria punterà sull'ironia per divertire il telespettatore, questa volta per un prodotto italiano: Mulino Bianco del marchio Barilla. Si è parlato delle pubblicità Barilla fin dall'inizio, e l'ultimo paragrafo avrà come oggetto gli spot aventi Antonio Banderas come testimonial. La virilità dell'attore e il suo "essere maschio" sexy e accattivante verranno messi da parte, considerato che si troverà a dialogare con la sua gallina Rosita...

4.3.3. L'uomo del Mulino: Antonio Banderas. "Un mondo buono"

Nel 2012 il marchio di prodotti da forno Mulino Bianco, di proprietà della Barilla, avvia una nuova campagna pubblicitaria. Si è parlato più volte degli spot del Mulino Bianco, che esordirono nel panorama pubblicitario televisivo fin dall'epoca di *Carosello* con le filastrocche accompagnate dal noto motivo musicale di Franco Godi. Fin dall'inizio, il marchio Mulino Bianco ha puntato tutto sulla genuinità del prodotto e sugli ingredienti naturali in grado di sfornare i "biscotti della nonna".

Nella campagna pubblicitaria che si sta per esaminare, Mulino

Bianco ha voluto dare un volto all'uomo del Mulino, cioè a colui che prepara i prodotti da forno così buoni e genuini: l'attore spagnolo Antonio Banderas. Anche in questo caso, come nelle pubblicità con George Clooney, si assiste a scenette che puntano sull'ironia e sul rovesciamento del ruolo dell'eroe. Negli spot per Mulino Bianco, Banderas non viene ignorato per rendere il prodotto l'unico protagonista del filmato, ma è pur vero che nella maggior parte delle scenette si intrattiene con un essere vivente considerato dall'opinione pubblica come poco intelligente. La gallina, grazie alle sue uova è sì elemento importante per la preparazione dei biscotti, ma non è propriamente una compagna di conversazione ideale; e vedere il bell'attore spagnolo confidarsi con un pennuto, diverte e sorprende il telespettatore.

Banderas diventa il volto di colui che si cela dietro i battenti di legno del famoso mulino. È lui l'artefice delle ricette e, con la sua voce calda e accogliente, ricorda i toni rassicuranti dei timbri vocali che negli spot passati descrivevano le qualità del prodotto.

La campagna pubblicitaria è firmata da JWT Italia e diretta dal regista Luca Guadagnino. Il set montato per girare i filmati è maestoso e non vuole lasciare nulla all'immaginazione. Il mulino è davvero gigantesco e così anche la sua ruota. L'ambientazione è stata ricostruita nei minimi dettagli seguendo un disegno originale di Bo Welch, lo scenografo di Tim Burton.

Le ambientazioni dei filmati vogliono mostrare un luogo magico, una campagna incontaminata dove l'uomo del Mulino impasta giorno e notte, inventando nuove ricette grazie all'ispirazione che gli dà la sua amica Rosita: una gallina. Un altro divo messo in una situazione molto particolare. Banderas: attore che ha recitato in diversi film del regista spagnolo Pedro

Almodóvar, si trova a parlare con la gallina Rosita mentre prepara biscotti. Non sembra lo stesso chirurgo assetato di vendetta della pellicola *La pelle che abito;* nella quale, dopo aver rapito lo stupratore della figlia lo trasforma in una donna bellissima usandola come cavia da laboratorio. Il ruolo che interpreta nei filmati per Mulino Bianco è ben diverso: qui è un uomo rassicurante, simpatico e familiare. L'uomo del Mulino non si arrabbia quando due bambini fanno precipitare il loro aeroplano all'interno del Mulino, anzi, spiega loro come riesce a preparare i biscotti Tarallucci; tanto buoni e perfetti da inzuppare nel latte (grazie alle uova fresche della gallina Rosita). Mostrando loro le uova invita la sua amica pennuta a uscire allo scoperto, e così viene presentata al pubblico l'altra protagonista dei vari spot: la gallina Rosita.

In un'altra occasione troviamo Banderas che fa un indovinello alla gallina. La pubblicità inizia con un primo piano agli occhi di Rosita e poi a quelli dell'uomo del Mulino. Questi la invita a prestare attenzione dopo aver messo tre fette biscottate sul tavolo. Una è stata preparata da lui, mentre le altre no. L'indovinello che deve risolvere il volatile sarà capire quale delle tre è stata preparata dall'uomo del Mulino. La simpatica pennuta indovina subito e Banderas esclama accarezzandola: «Oh, Rosita, mi hai beccato! Il mio grano, il mio forno, il mio cuore. Non puoi non riconoscerle». La pubblicità termina con una voce di donna che recita: «Le Armonie del Mulino Bianco: un mondo buono». E una scritta in sovrimpressione appare sotto il logo: "Un mondo buono". Questo slogan vuole evidenziare la bontà del prodotto facendo riferimento al luogo in cui viene preparato: un luogo dove si è felici e si cucina in allegria. Un posto incontaminato, dove tutto funziona in perfetta armonia (non a caso il nome delle fette biscottate è proprio questo: "Armonie Mulino Bianco").

Nei vari spot l'amicizia tra l'uomo del Mulino e Rosita si fa sempre più forte. Quando un giorno teme di averla perduta, è contentissimo di ritrovarla, anche se la vede affacciata alla finestra col cuore spezzato per un amore non corrisposto di un galletto che scorrazza tranquillamente nel prato sotto i suoi tristi occhi. A quel punto, Banderas per tirarle su il morale la accarezza e le dice iniziando a cucinare biscottini:

«Si vede che non era quello giusto. Vedi, l'amore è una combinazione di ingredienti. Ci metti un po' di dolcezza e aspetti che l'altro sia cotto a puntino. Non accontentarti di un galletto qualunque».

Le porge uno dei biscotti (chiamati appunto Galletti) e la pubblicità termina con una voce di donna fuori campo che recita amabilmente: «Buon San Valentino... da Mulino Bianco».

Un'altra pubblicità che li vede "chiacchierare" sui prodotti Mulino Bianco è quella in cui i due sono sul tetto del Mulino, e Banderas confida un segreto a Rosita: le dice che ha in mente l'idea rivoluzionaria di creare dei biscotti al vapore leggeri. Di fronte all'incredulità della simpatica pennuta, il divo assicura che sono buoni e recita, mentre l'immagine riprende la preparazione dei biscotti: «Latte e riso. Li chiamerò "Fiori di latte". I primi biscotti cotti con il vapore. Leggeri. Che sanno di cose buone». Lo spot termina con lo slogan in sovrimpressione "Un mondo buono" e la voce femminile fuori campo che dice: «I nuovi Fiori di latte del Mulino bianco... Un mondo buono».

Diverse sono le scenette che vedranno i due improbabili protagonisti pubblicizzare i prodotti Mulino Bianco. Dalle riprese amatoriali fatte da Banderas alla gallina per augurare Buon Natale ai telespettatori, a quelle con riprese professionali in cui Banderas dice a Rosita quali biscotti donerà a Babbo Natale. Insomma, un quadretto familiare sicuramente atipico. Da sempre il marchio Barilla punta sull'immagine della famiglia tradizionale e sui prodotti genuini che fanno sentire come a casa. La casa, il focolare, l'armonia tra i membri della famiglia e gli ingredienti naturali sono le parole chiave del mondo Barilla (e di Mulino Bianco). Una dichiarazione del 2013 fatta dal presidente della multinazionale Guido Barilla ha suscitato non poche polemiche. L'imprenditore, durante la trasmissione La zanzara di Radio24 ha dichiarato:

«Non faremo pubblicità con omosessuali, perché a noi piace la famiglia tradizionale. Se i gay non sono d'accordo, possono sempre mangiare la pasta di un'altra marca. Tutti sono liberi di fare ciò che vogliono purché non infastidiscano gli altri».

La dichiarazione sopracitata ha scatenato polemiche da parte dei consumatori, ma non solo. I principali concorrenti di Barilla hanno usato l'infelice dichiarazione di Guido Barilla a proprio vantaggio per vendere il prodotto e attirare a sé i consumatori. Così, sulla pagina Facebook della Buitoni è stato pubblicato un post con scritto: "A casa Buitoni c'è posto per tutti" e, sulle stesse orme, i concorrenti della Garofalo hanno pubblicato "Le uniche famiglie che non sono Garofalo sono quelle che non amano la buona pasta".

Le scuse di Guido Barilla sono arrivate il giorno dopo l'intervista:

«Con riferimento alle dichiarazioni rese ieri alla Zanzara, mi scuso se le mie parole hanno generato fraintendimenti o polemiche, o se hanno urtato la sensibilità di alcune persone. Nell'intervista volevo semplicemente sottolineare la centralità del ruolo della donna all'interno della famiglia».

Non si starà ad approfondire ulteriormente sulle dichiarazioni di Guido Barilla o sulle reazioni di protesta che sono seguite. È lecito però farsi una domanda: siamo davvero sicuri che Antonio Banderas che parla con una gallina sia il ritratto della famiglia tradizionale?

Intervista e conclusioni

Siccome dal primo all'ultimo capitolo sono state prese in oggetto pubblicità ideate dall'Agenzia Armando Testa, ho deciso di chiedere un'intervista proprio a un pubblicitario della suddetta azienda. A rispondere alle domande è stato Emanuele Cason. Grazie alle sue risposte si potrà riepilogare ciò che di essenziale è emerso durante il saggio, dando un apporto prezioso fornito da qualcuno che il panorama pubblicitario lo osserva dall'interno.

La storia della comunicazione pubblicitaria televisiva, sebbene relativamente breve, è in costante evoluzione. Numerosi sono stati gli autori che hanno ritenuto la pubblicità un pericoloso mezzo di manipolazione. Uno tra questi l'insegnante di giornalismo Vance Packard, il quale, nel 1957 pubblicò *I persuasori occulti*. In questo testo sosteneva che la pubblicità avesse un potere subdolo, in grado di manipolare e persuadere il pubblico inconsapevole. Dagli anni della pubblicazione del libro appena citato sono cambiate molte cose. Nell'epoca odierna il consumatore è sempre meno ingenuo perché grazie ai nuovi media ha la possibilità di avere un riscontro immediato sull'effettiva qualità di un prodotto. Non ci sono più solo i giornali o la televisione a veicolare informazioni pubblicitarie, e il mestiere del pubblicitario si è evoluto in seguito al cambiamento negli ultimi dieci anni dello scenario dei media. Come ha spiegato Emanuele Cason:

Emanuele Cason: «Oggi ci sono cento possibilità di veicolare un messaggio rispetto alle sei classiche (Tv, stampa, radio, affissione, cinema e direct mail) di un tempo.
Oggi si è passati da una comunicazione mono direzionale dello scorso millennio a una bi-direzionale, in cui la riposta e il parere dei consumatori è parte integrante del processo.
Soprattutto il web (digital e social) ci "costringe" a studiare sempre una comunicazione che possa essere integrata sui media scelti e realmente ingaggiante».

Dunque, il ruolo del pubblicitario durante il corso degli anni, se da una parte continua ad avere l'obiettivo principale di trovare il modo migliore per comunicare al pubblico un prodotto o un servizio, dall'altra è cresciuto seguendo i cambiamenti della società. Una società che con il trascorrere del tempo è cambiata profondamente e che pone il consumatore sempre più in un ruolo attivo e centrale. Quando, negli anni Ottanta era finito il monopolio della RAI, lo strumento Auditel serviva per comprendere i gusti dei fruitori del media televisivo e realizzare programmi che potessero soddisfarli. Con la rete e i social media il consumatore ha un ruolo ancor più da protagonista, e il pubblicitario deve essere in grado di produrre una pubblicità adatta al pubblico che ha di fronte (non più solo di fronte alla TV, ma anche al PC, al Tablet e allo Smartphone). Questa riflessione porta alla domanda cuore di questo saggio:

"È la pubblicità a influenzare la società e a persuaderla, oppure sono i cambiamenti di costume e le rivoluzioni culturali che determinano l'evolversi del linguaggio pubblicitario?".

In base agli elementi emersi durante il percorso, si potrebbe dire che, anche se le pubblicità possono suggerire al consumatore da quale parte indirizzare l'attenzione per seguire mode e tendenze, in realtà si evolvono in base ai cambiamenti che avvengono nella società. Quella persuasione tanto demonizzata da Packard alla fine degli anni Cinquanta potrebbe essere veritiera solo in parte. In base a quanto detto prima, se il pubblicitario deve studiare una comunicazione in grado di stare al passo con l'evoluzione tecnologica, la risposta sembra quasi scontata. Durante l'intervista, che è evoluta in una piacevole discussione sull'argomento, ho esposto il mio punto di vista al riguardo e, alla domanda sopracitata, Emanuele Cason ha risposto così:

Emanuele Cason: «Sono totalmente d'accordo Lei. Negli anni Cinquanta/Sessanta, quelli di Packard e di Madison Avenue, la "verginità" dei consumatori e la potenza del nuovo media TV potevano rendere credibile la tesi, ma oggi credo sia più vero il contrario, anche se i media a mio parere continuano ad avere un ruolo di influenza soprattutto sui costumi.
Il linguaggio pubblicitario oggi spesso è conseguenza di quello che succede nel mondo; e sappiamo quanto il web renda tutto, ma veramente tutto, visibile subito».

Il ruolo della pubblicità è indubbiamente importante all'interno delle nostre vite e talvolta può anticipare cambiamenti culturali, ma è improbabile che abbia il potere di persuadere la società al punto tale da produrre essa stessa cambiamenti significativi. Questo non significa che la pubblicità non influenzi le nostre vite. Le varie campagne prese in esame dimostrano che, fin dai tempi di *Carosello*, a entrare nelle case degli italiani non sono stati solo i personaggi testimonial dei prodotti, ma anche le loro frasi tormentone, che molto spesso sono entrate a far parte di diritto nel linguaggio di tutti i giorni. Ne sono un esempio frasi come: «Eh, che maniere! Qui fanno sempre così perché loro sono grandi e io sono piccolo e nero», «Eh sì, sì, sì. Sembra facile!», «Bambina, sei già mia. Chiudi il gas e vieni via», «Una telefonata allunga a vita», «Mi ami? Ma quanto mi ami?», «Il caffè è un piacere, se non è buono che piacere è?», «No Martini? No party!».

A essere entrate nel linguaggio di tutti i giorni non sono solo le frasi tormentone pronunciate dai personaggi, ma anche modi di dire che fanno riferimento alla pubblicità. Le note espressioni: «A letto dopo *Carosello*» o «Quella è una famiglia alla Mulino Bianco» ne sono la dimostrazione.

Il linguaggio pubblicitario televisivo entra a far parte del parlato di tutti i giorni come se fosse un'entità costante nelle nostre vite. Questo lo rende una presenza reale e quasi "automatica". Se la pubblicità funziona, allora i personaggi e le loro frasi restano impresse e svaniscono difficilmente anche a distanza di anni.

Una domanda interessante da porsi riguarda le strategie ideate per creare campagne in grado di sopravvivere al trascorrere del tempo. In una società che è ormai molto incline a rendere il presente passato troppo in fretta, è raro che i personaggi delle campagne pubblicitarie rimangano nella memoria degli italiani. Eppure, nonostante la crescente difficoltà di lasciare il segno in un pubblico che è sempre più difficile da accontentare, l'Agenzia Armando Testa è riuscita a ideare campagne che vengono ricordate anche a distanza di anni. Quando ho chiesto a Emanuele

Cason come riuscissero in un simile contesto a comprendere la giusta direzione da seguire, la risposta è stata:

> **Emanuele Cason:** «L'obiettivo deve sempre essere la semplicità e la capacità di intercettare i gusti e le espressioni della gente inserendo la frase in una meccanica narrativa che ne rinforzi la comprensione grazie alle immagini.
> Telecom e Martini ne sono la prova evidente».

Semplicità è la parola chiave. Semplicità nei dialoghi, nelle immagini e un giusto contesto dove unire le due cose. Oltre a questo, anche la capacità dei pubblicitari di comprendere cosa voglia vedere il pubblico. Perché il pubblicitario è anche un po' sociologo. Deve essere in grado di conoscere molto bene la società, di capire cosa vuol vedere in base al periodo che sta attraversando e alle esigenze che ha bisogno di soddisfare. Deve conoscere gli usi, i costumi e i desideri del pubblico. Perché se da una parte la pubblicità può creare desideri nel consumatore, è anche vero che deve capire che cosa questo vuole vedere. E non solo: deve comprendere anche come il pubblico vorrebbe veder presentato un dato prodotto. Ne è l'esempio perfetto la pubblicità di Martini con George Clooney come testimonial. In questa campagna, come si è detto nel quarto capitolo, il bell'attore di Hollywood viene preso un po' in giro perché, in mancanza del prodotto pubblicizzato, non viene trattato come divo. La scelta di produrre una simile pubblicità può sembrare azzardata, perché senz'altro poco battuta; eppure, il successo è stato immediato e il pubblico si è divertito nel vedere qualcosa di così diverso, di così lontano da ciò che era abituato a vedere. Quando ho domandato a Emanuele Cason come avessero compreso che il pubblico voleva vedere l'idolatrato eroe del grande schermo sotto una luce diversa, ha risposto così:

Emanuele Cason: «Il nostro fondatore, Armando Testa, inventore di tanti *caroselli* di successo, diceva che la pubblicità serve per informare; ma se lo riesci a fare con un sorriso fai un piacere al consumatore.
Noi crediamo che tutte le volte che è possibile farlo valga la pena di seguire la sua intuizione che ha portato alla nascita di *caroselli* come Carmencita, Caballero, Papalla e Pippo ad esempio.
Nel caso di Martini abbiamo abbinato a questo obiettivo la necessità di creare grande impatto per rilanciare un segmento che per Martini era un po' in crisi: gli spumanti. Da qui la necessità di pensare a un approccio creativo nuovo e potente rispetto ai vari spot di *lifestyle* e di glamour notturno e festaiolo che accompagnavano la categoria merceologica.
La scelta poi di mettere "alla berlina" l'uomo più bello del mondo è stata consequenziale all'idea che voleva il prodotto decisamente più irresistibile del suo fascino.
In generale, poi, c'è sempre l'esigenza di proporre qualcosa di nuovo per un lancio o un rilancio; nei casi invece di "mantenimento", innovare significa creare "innovazione nella continuità".
Non sempre è possibile, o non sempre i clienti te lo lasciano fare, ma un'agenzia lavora in questa direzione: dando sempre stimoli nuovi che possano colpire un consumatore distratto da milioni di comunicazioni diverse».

Questa risposta racchiude molte delle considerazioni fatte a seguito dell'analisi delle varie campagne pubblicitarie. L'obiettivo è sempre quello di colpire il consumatore, di proporgli qualcosa che non abbia ancora visto ma che si pensa voglia vedere. La difficoltà sta nella giusta chiave di lettura della società. Più volte nel corso della storia della comunicazione pubblicitaria l'errore è stato quello di non comprendere la giusta direzione da seguire e il modo migliore per presentare un prodotto al pubblico. Così, se la società sta attraversando una rivoluzione sessuale il linguaggio giusto sarà la provocazione, se sta vivendo un periodo di crisi la chiave corretta sarà quella di presentare il prodotto come vantaggioso per le tasche dei consumatori. Se questo è un periodo in cui la gente ha pochi motivi per ridere ed essere serena allora, forse, il modo migliore è cercare di strappare un sorriso.

Si potrebbe arrivare a dire che il lavoro del pubblicitario racchiude ben più delle competenze tecniche, dove il marketing del prodotto è la cosa essenziale. Si mette in moto un meccanismo che comprende vari aspetti: tra questi vi è l'empatia e la conoscenza approfondita della cultura appartenente al luogo di produzione della pubblicità. Se è vero che quest'ultima rappresenta un ottimo marcatore sociale e uno specchio che riflette la società, allora sarà fondamentale conoscere a fondo le rivoluzioni culturali per poter creare un qualcosa di nuovo e potente da proporre al consumatore. Ma non solo: importante sarà anche comprendere chi è il destinatario del prodotto, come ragiona e cosa vuole vedere sullo schermo televisivo.

Le conclusioni all'intero percorso si possono riassumere così: anche se si può riconoscere il potere della pubblicità sull'influenza che ha sui costumi, è improbabile che la si possa considerare come arma di persuasione in grado di cambiare la società stessa. La comunicazione pubblicitaria può richiamare l'attenzione su una moda, una tendenza e renderla ancor più socialmente condivisa, ma alla base delle strategie pubblicitarie non ci sono manipolatori di professione, bensì pubblicitari che possiedono competenze sociologiche, psicologiche e di marketing del prodotto.

Bibliografia

ANTELMI D. (2009), *Il discorso dei media*, Carocci, Roma.

ANTONIONI S. (2012), *Pubblicità*, FrancoAngeli, Milano.

BOTTARO M. (2007), *Nascita, vita e morte della notizia*, Redazione, Genova.

CHELI E. (2009), *La realtà mediata*, FrancoAngeli, Milano.

CHIRUMBOLO A., DI LORENZI C. (2012), *La persuasione pubblicitaria*, Carocci, Roma.

CODELUPPI V. (2012), *Che cos'è la pubblicità*, Carocci, Roma.

CODELUPPI V. (2013), *Storia della pubblicità italiana*, Carocci, Roma.

COSTANZO P. (2004), *L'informazione*, Laterza, Roma-Bari.

FRANCESCHINI E., VIGANÒ A., FERRARI S. (2007), *Cambi di costume*, Corigraf, Genova.

FRECCERO C. (2013), *Televisione*, Bollati Boringhieri, Torino.

GADOTTI G., BERNOCCHI R. (2010), *La pubblicità sociale*, Carocci, Roma.

MACRÌ P. (2007), *Editoria, e-learning e multimedia*, ECIG, Genova.

MENDUNI E. (2008), *I linguaggi della radio e della televisione*, Laterza, Roma-Bari.

PACKARD V. (2014), *I persuasori occulti*, Einaudi, Torino.

TESTA A. (2003), *La pubblicità*, il Mulino, Bologna.

Sitografia

http://www.mondocarosello.com/
http://www.cattivamaestra.it/
http://www.funweek.it/
http://www.totò.com/la-tv/
https://archivio.corriere.it/
http://www.cinquecosebelle.it/
http://www.campari.com/
http://www.spotandweb.it/news/28126/dash-su-carosello-reloaded-con-paolo-ferrari-e-fabio-de-luigi.html
http://www.bestmovie.it/
https://archiviostorico.gruppotim.it/
http://www.lavazza.it/
http://www.repubblica.it/persone/2010/12/04/foto/julia_roberts_muta_per_la_lavazza_costa_1_5_milioni_di_dollari-9826941/1/
http://www.martinierossi.it/azienda/comunicazione.aspx
http://www.armandotesta.it
http://www.bestmovie.it/news/spot-d%E2%80%99autore-la-%E2%80%9Csaga%E2%80%9D-nespresso-un-caffe-con-george-clooney-e-non-solo%E2%80%A6/77942/
http://www.cinematografo.it
http://www.viniesapori.net/articolo/like-a-star-il-nuovo-spot-di-george-clooney-per-nespresso-2011.html
http://www.campaignlive.co.uk/thework/1220567/

http://www.mulinobianco.it/storia-e-pubblicita/la-comunicazione/2012-13/i-nuovi-spot

http://parma.repubblica.it/cronaca/2013/09/26/news/dove_c_barilla_c_casa_ma_non_per_gli_omosessuali-67302356/

L'autrice

Silvia Civano nasce e vive a Genova. Si laurea in Lingue e Letterature Straniere e prende la Magistrale con Lode in Informazione ed Editoria. Lavora per alcuni anni come addetta stampa prima di dedicarsi alla scrittura di libri. Ama viaggiare con l'immaginazione, e vede la scrittura e la lettura come le compagne ideali per le sue avventure.

Civano ha pubblicato la seguente saga fantasy per giovani lettori:
Le avventure di Posso (prequel)
Posso e la Fiamma nella foresta (vol.1)
Posso nella morsa dei ghiacci (vol.2)
Posso tra le ceneri di Eonia (vol.3)

Così come le seguenti opere:
Tesori abbandonati (edizione italiana)
Abandoned Treasures (English edition)
Il telefono dell'aldilà
Tre amiche a New York
Frozen in Love
Oltre la tempesta
2 anni alla scadenza
Da Caballero a Clooney (saggio sul linguaggio pubblicitario)
Mari in contrasto
Occhi oltre la maschera (edizione italiana)
Eyes Beyond the Mask (English edition)
La mia pelle che cambia

Civano ha pubblicato la seguente saga fantascientifica:
Stratum. Inscientia (vol.1)
Stratum. Potestas (vol.2)
Stratum. Cognitio (vol.3)

www.ingramcontent.com/pod-product-compliance
Lightning Source LLC
Chambersburg PA
CBHW031626210526
45464CB00004B/1775